决胜

勇于争先看辽宁

《决胜：勇于争先看辽宁》编委会 编著

辽宁人民出版社

图书在版编目（CIP）数据

决胜：勇于争先看辽宁 /《决胜：勇于争先看辽宁》
编委会编著 . -- 沈阳 : 辽宁人民出版社 , 2025. 4.

ISBN 978-7-205-11525-8

Ⅰ . G252.17

中国国家版本馆 CIP 数据核字第 20257M9X84 号

出版发行：辽宁人民出版社
    地址：沈阳市和平区十一纬路 25 号 邮编：110003
    电话：024-23284325（邮 购） 024-23284300（发行部）
    http://www.lnpph.com.cn

印 刷：辽宁新华印务有限公司

幅面尺寸：170mm × 230mm

印 张：15

插 页：4

字 数：195 千字

出版时间：2025 年 4 月第 1 版

印刷时间：2025 年 4 月第 1 次印刷

责任编辑：娄 瓴 贾妙笙 蔡 伟

装帧设计：丁末末

责任校对：吴艳杰 等

书 号：ISBN 978-7-205-11525-8

定 价：55.00 元

决胜"新突破"
振兴"勇争先"

历史的脚步，再次走到重要时间节点。

2025 年，对辽宁意味着什么？

这一年，习近平总书记再次考察辽宁，充分彰显了总书记对这片土地的亲切关怀和深情厚爱，对辽宁振兴的殷切期望和信任重托。"在推动新时代东北全面振兴取得新突破上勇于争先"，成为我们的时代使命，成为 4200 万人民的奋进方向。

这一年，"十四五"迎来收关之时，"十五五"开启谋篇之笔，为期三年的新时代"辽沈战役"进入决胜阶段。

这一年，承前启后、继往开来，我们既要交"突破"之"卷"，又要筑明日之基。

辽宁，中国重要的工业和农业基地，肩负着维护国家国防安全、粮食安全、生态安全、能源安全、产业安全的重任，能否走出一条高质量发展、可持续振兴的新路子，关乎强国建设、民族复兴大战略，关乎辽宁儿女千家万户的"小日子"。

曾经的辽宁，以大担当、大作为在党和国家各个历史时期都作出过重要贡献。

今天的辽宁，又该如何担当？怎样作为？

此前一段时间，辽宁发展的步伐一度沉缓。面对这种状况，再不抓住机遇，我们就会陷入格局性的落后和战略性的被动。

"我们已经没有退路，必须破釜沉舟、背水一战，必须放手一搏、大干一场。"2023年，辽宁省委深入贯彻习近平总书记重要指示精神和党的二十大战略部署，锚定"十四五"目标任务，吹响了"实施全面振兴新突破三年行动"冲锋号。随后，聚焦"国之所需、我之所能"，提出打造新时代"六地"目标定位。

转眼间，已逾两度春秋。在这短暂的"时间线段"中，我们发生了什么？

"量"增。我们一改经济运行低速徘徊之态，至2024年末，地区生产总值增速连续8个季度赶超全国。

"质"升。2024年，固定资产投资、研发投入、高技术制造业增加值、工业投资、实际使用外资等多个体现"高"、"新"、引力、潜力的指标，增速均高于全国。

两年，从"首战"发生"四个重大转变"到"攻坚"实现"六个新提升"，辽宁正在跨越赶超，取得了突破性、转折性、历史性进展，我们收获的是亮眼的成绩单，更是久违的自信心。

实践再次证明，辽宁有基础、有条件、有实力，辽宁人有志气、有骨气、有底气。

实践再次证明，只要我们沿着习近平总书记指引的方向，坚定不移地去干、去拼、去闯，所有挑战都会成为进步的"垫脚石"，所有困难都会化为成长的"催化剂"。

往事已成故事，未来正在走来。

当下，三年行动，总攻正酣。当初确定的目标，离我们越来越近。但是，即将完成不等于已经完成，胜利在望不等于胜券在握。所谓"行百里者半九十"，越是"临门一脚"，越要一鼓作气、乘势而上。

日拱一卒无有尽，功不唐捐终入海。只要全省上下一条心、一起拼，每一岗、每一人都守好各自的一段渠、耕好各自的责任田、打好各自的阵地战，就会汇聚起攻无不克的磅礴力量。

　　历史把"全面振兴新突破"的接力棒交到了我们手上，这是我们的使命、我们的责任、我们的荣光。我们只有把这一棒跑赢跑好，才不辜负习近平总书记的殷殷嘱托，不辜负人民群众的切切期盼。

　　今朝秣马坚如铁，他日功成唱凯歌！

盐储稻田

7 环境更优

深化综合窗口改革，政务服务窗口和人员

平均缩减 **44.6%** 和 **35.7%**

"一窗"受理率达 **80%** 以上

政务服务事项"一窗"受理率 **80%**

国务院 **13** 个

"高效办成一件事"

重点事项

已全部上线运行

全省累计办理 **300** 余万件，跑动次数减少 **87%**

公共服务质量满意度 **81.6** 分，首次高于全国水平

1066 项惠企政策实现免申即享

依法依规帮助 **6.8** 万家经营主体修复信用

"深化免申即享、直达快享改革"

入选

国务院减轻企业负担部际联席会议办公室

2024 年"强化企业服务 提升减负成效"

典 型 案 例

辽宁
12345

辽宁 12345 热线
先后荣获

"全国政务服务便民热线创新发展典型案例（2023—2024）"

"中国改革 2024 年度地方全面深化改革典型案例"

"辽宁省第二届制度性创新成果评价一等奖"

全年接待游客
6.5 亿人次
同比增长 **28.1%**

旅游收入
6325.2 亿元
同比增长 **25.9%**

文旅更火 8

新增国家等级博物馆 **16** 家

1个企业
大连博涛文化科技
股份有限公司
入选
全国成长性文化企业30强

1个企业
大连
海昌集团
入选
中国旅游集团20强

1个度假区
大连市长海县
长山群岛
被认定为
国家级旅游度假区

实现辽宁零的突破

1个景区
本溪市桓仁满族自治县
五女山景区
成功创建
国家AAAAA级旅游景区

我省国家AAAAA级旅游景区增至 **7** 家

"中国五星级温泉" 增至 **11** 家 位居全国第一

畅通内外循环 全面提升开放水平

- 稳住日韩等传统市场
- 拓展"一带一路"共建国家市场
- 积极参与中蒙俄经济走廊建设

推动 东北三省一区人才一体化发展

推动 哈长沈大制造业走廊、科技创新走廊建设

大力发展 服务贸易　绿色贸易　数字贸易

- 高标准建设海关特殊监管区域
- 打造高质量发展的先行区和示范区
- 支持沈阳建设国家中欧班列集结中心
　大连建设东北亚国际航运中心

高水平办好 中国辽宁国际投资贸易洽谈会 全球工业互联网大会 全球辽商大会

坚持协同联动 推动区域协调发展

"双核"引领
沈阳：建设东北亚国际化中心城市 国际性综合交通枢纽城市
大连：建设现代海洋城市

区域联动
完善沈阳都市圈规划、交通、生态等一体化体制机制
支持沿海经济带优势互补、协同发展
支持辽西建设京津冀科技成果孵化基地、文化走廊
守护好辽东"绿肺""水塔"

培育壮大 工业单项冠军县 **5** 个 工业强县 **5** 个 消费品工业特色镇 **10** 个

开展城中村改造和城市危旧房改造 **3.5** 万套

改造 老旧小区 **500** 个 老旧管网 **4600** 公里

坚持生态优先 加快建设美丽辽宁

1 确保PM2.5平均浓度 低于 **34** 微克/立方米

2 空气质量优良天数比例 稳定在 **88.3%** 以上

3 消除省控及以上河流 入海断面劣V类水质

4 坚决打好打赢 科尔沁沙地歼灭战

5 推进辽浑太、海洋生态等 重大生态保护修复工程

6 全面完成 **43.7** 万亩废弃 矿山复绿任务

7 加快创建辽河口国家公园

8 **加快推进** 徐大堡核电　庄河核电一期　华电铁岭绿色氨醇 等重点能源项目建设

坚持人民至上 全力增进民生福祉

开展职业技能培训 **21** 万人次

做好 高校毕业生 退役军人 脱贫人口 农民工 等重点群体就业工作

确保 困难家庭高校毕业生全部就业 零就业家庭动态清零

实施基础教育扩优提质行动

优质公办幼儿园覆盖 **92%** 乡镇

50% 县区基本达到义务教育优质均衡标准

新增优质特色普通高中招生计划 **万**名以上

全力推进 紧密型县域医共体建设

建设提升 村卫生室 **3500** 所

加快创建 国家医学中心

新增 临床重点专科 **100** 个以上

实施 中医药振兴发展重大工程

加强牛河梁红山文化遗址系统性保护和宣传阐释

推进义县奉国寺、北镇医巫闾山、兴城古城、盖州古城保护和活化利用

支持大连、朝阳创建国家历史文化名城

守牢安全底线 确保社会和谐稳定

巩固金融化险改革成果

防范化解地方债务风险

推动房地产市场企稳回升
因城施策 严控增量、优化存量、提高质量
统筹推进 保交房、治烂尾、去库存
加大保障性住房供给

筑牢社会治理根基
持续开展 "化解矛盾风险、维护社会稳定" "平安护航"专项行动
加大对特殊群体关心关爱力度
推进扫黑除恶常态化

支持国防和军队改革建设

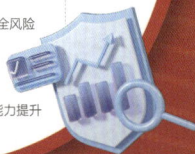

强化安全发展防线
严密防控涉海渔船、危化品等重点行业领域安全风险
持续强化食品药品全链条监管
加强消防救援队伍建设与保障
统筹推进因灾损毁设施重建和防灾减灾救灾能力提升

目录

2025 年 1 月 22 日至 24 日，

中共中央总书记、国家主席、中央军委主席习近平冒着严寒来到辽宁，

看望慰问基层干部群众。

习近平总书记专程到辽宁考察并发表重要讲话，

对辽宁各项工作取得的成绩给予肯定，提出殷殷嘱托。

勉励辽宁要在推动新时代东北全面振兴取得新突破上勇于争先，

奋力谱写中国式现代化辽宁篇章。

习近平总书记的重要讲话和重要指示，

赋予辽宁振兴发展新的重大使命、明确新的实践路径、注入新的时代内涵、擘画新的宏伟蓝图，

给予全省上下以强大的思想指引、精神鼓舞和前进动力。

第一篇

—

JUE SHENG

牢记嘱托

—

LAOJI ZHUTUO

辽宁工业体系比较完备，要统筹传统产业转型升级和战略性新兴产业培育壮大，加快建设现代化产业体系。传统产业要强化产业基础再造和重大技术装备攻关，不断提升核心竞争力。培育壮大战略性新兴产业重在强化科技创新和产业创新深度融合，因地制宜发展新质生产力。越是发展任务重，越要重视生态环境保护，推动经济社会发展全面绿色转型。

——《习近平春节前夕赴辽宁看望慰问基层干部群众 向全国各族人民致以美好的新春祝福 祝各族人民幸福安康 祝伟大祖国繁荣昌盛》，《人民日报》2025年1月25日

东北全面振兴，归根到底靠改革开放。抓改革要进一步聚焦问题、突出重点、破解难点，在建设法治政府、优化营商环境、坚持和落实"两个毫不动摇"、完善中国特色现代企业制度等方面多下功夫。现在，我们国家开放的大门越开越大，各级干部要提高在开放条件下想问题、作决策、抓工作的本领。

——《习近平春节前夕赴辽宁看望慰问基层干部群众 向全国各族人民致以美好的新春祝福 祝各族人民幸福安康 祝伟大祖国繁荣昌盛》，《人民日报》2025 年 1 月 25 日辽宁农业资源丰富、发展底子较好，要坚持城乡融合发展，推进以县城为重要载体的新型城镇化建设，优化县乡村公共资源配置和产业链布局，扎实推进乡村全面振兴。学习运用"千万工程"经验，要联系实际细化实化抓手，坚持久久为功。要明确责任、到底到边、见事见人地抓好基层治理。

——《习近平春节前夕赴辽宁看望慰问基层干部群众向全国各族人民致以美好的新春祝福 祝各族人民幸福安康 祝伟大祖国繁荣昌盛》，《人民日报》2025 年 1 月 25 日

推进文化自信自强，加强社会主义精神文明建设，各级都肩负重要责任。要努力提高文化原创力，推出更多精品力作，深入实施文化惠民工程，通过以文化人更好聚人心、暖民心、强信心，充分激发广大干部群众改革创新、振兴发展的激情和斗志。

——《习近平春节前夕赴辽宁看望慰问基层干部群众向全国各族人民致以美好的新春祝福　祝各族人民幸福安康　祝伟大祖国繁荣昌盛》，《人民日报》2025 年 1 月 25 日

必须毫不动摇坚持党的领导，坚定不移全面从严治党。强化党组织政治功能和组织功能，营造和保持风清气正的政治生态，教育引导党员干部做到忠诚干净担当，这些任何时候都必须紧紧抓在手上。要深入贯彻中央八项规定精神及其实施细则，推动各级干部真正求真务实、廉洁自律。

——《习近平春节前夕赴辽宁看望慰问基层干部群众 向全国各族人民致以美好的新春祝福　祝各族人民幸福安康　祝伟大祖国繁荣昌盛》,《人民日报》2025 年 1 月 25 日

新年新村新生活

> **在葫芦岛市绥中县明水满族乡祝家沟村**
> **总书记说——**

去年以来，包括你们这里，我国一些地方遭受了自然灾害。我们党坚持人民至上，干部群众团结一心，取得抗灾救灾重大胜利。新春佳节即将到来，我代表党中央，向所有受灾群众和奋战在灾后恢复重建一线的干部群众致以诚挚慰问和新春祝福！

2024 年 8 月 20 日，一场历史罕见的超强降雨，导致葫芦岛市遭遇严重洪涝灾害。绥中县 10 个乡镇 110 个行政村受灾严重，受灾人口 18.52 万人。因位于山区，地势低洼，绥中县明水满族乡祝家沟村成为受灾最为严重的乡村之一。

洪水退去，灾后重建迅速展开，受灾最严重的祝家沟村西组 41 户 186 名群众采取易地集中重建方式安置。不到两个月时间，"祝家新村"拔地而起，受灾群众在温暖的新家，即将迎来一个烟火升腾的春节。

佳节将至，年味儿渐浓。2025 年 1 月 22 日，腊月二十三，农历小年，葫芦岛市绥中县明水满族乡祝家沟村张灯结彩，处处喜庆。

当天下午，习近平总书记冒着严寒来到这里，看望慰问受灾群众，实地

灾后重建起来的"祝家新村"家家户户贴上对联，年味儿十足

察看 2024 年洪涝灾害后当地恢复重建情况，走进入冬前搬入新居的村民家中，了解重建房屋质量、日常生活保障等情况。

问灾情、看重建，习近平总书记在村口察看受灾区域，详细询问当时房屋被淹和村民转移情况，随后走进村党群服务中心。展板照片中，那些倒伏的树、冲毁的屋，无声地诉说着这里曾经历过的惊心动魄；视频画面里，那些闻讯而动、逆行冲锋的身影，展示了基层党员干部迎难而上的担当和底色。

"那场水真大啊，不到一天时间就下了一年的雨，当时积水最深达 6 米，全村 1100 亩农田全部受损。"王丽丽告诉记者，听完介绍，总书记叮嘱他们务必安排好群众生产生活，确保温暖过冬。

"当时，我对总书记说，我们因灾失去了家园，在党和政府的帮助下，仅用 45 天就建设了更好的家园，现在乡亲们的信心更坚定了，都憋着一股劲呢。请总书记放心，我们一定把工作干好、把日子过好。"祝家沟村党支部书记王丽丽说。

新房是 2024 年 9 月初开工，10 月底完成入住的，让村民们感到开心的除了建房速度快，还有房子的质量也是"杠杠的"。"建房时我几乎天天往工地跑，房子是钢筋混凝土结构，墙和屋顶都有厚厚的保温层，自己盖房子都不舍得这么用料。"村民朱洪辉用手拍着新房厚实的墙壁笑着说。

只要有家，就有了生生不息的希望。这个"家"带来的安全感，不仅源于砖石垒筑平地起的小家，更源于集中力量办大事的国家。

"真没想到总书记能来咱家，当时我正和二儿子在灶台边炖菜。"63 岁的村民王宝维回忆着习近平总书记的到来，那温暖的一幕让他激动不已。

"总书记走进院门，问灶台上炖的什么，我赶紧掀开锅盖，看着一锅酸菜炖大骨头和四碗蒸猪血，总书记点点头，笑着说这是标准的东北菜，"王宝维说，"那一刻，觉得总书记了解东北、了解农村，让我感觉特别亲近。"

一场洪水冲击了生活，一场易地搬迁又让生活迎来转折。王宝维说："我跟总书记说，政府发了家电'五件套'，厨房通了自来水，连卫生间都'搬'进了屋里，这条件不比城里楼房差，"王宝维难掩感恩之情，"能这么快住上这么宽敞漂亮的新房子，全村人发自内心感恩党、感恩总书记，相信往后的日子里，我们每家每户一定越过越红火。总书记问我还有什么要求和希望，我说自己的希望是把生活过得更好。总书记高兴地回应我，你们的希望就是我们的希望，党和政府永远是人民群众的强大依靠。"

推开一扇扇院门，迎来一张张笑脸。新家，是受灾群众冬天里的温暖港湾，也是明天的幸福所托。

金色的"福"字、火红的灯笼、喜庆的中国结，将村民朱西存家的小院装点得喜气洋洋。"家里收入、孩子读书、年轻人就业，总书记桩桩件件都记挂在心上。总书记还握着我母亲的手，嘘寒问暖。"朱西存越说越激动。

灶台上，锅盖一掀，热气裹挟着黏豆包的香气弥漫开来。朱西存的爱人唐凤洁笑着分享："咱村里过年，家家户户都蒸这个。我告诉总书记，年货都备齐了，就盼着热热闹闹过年呢！"朱西存和唐凤洁的话语朴实而坚定："总书记的亲切关怀让我们心里暖乎乎的，我们要在总书记的引领下，把幸福生活过得更好！"笑容绽放在一家人的脸上，"幸福"这个词在这一刻具象化了。

"人逢盛世千家乐，户沐春阳万事兴"，村民家门上的春联，写出了乡亲们美好的期待。

国泰民安，民安才能国泰。

冬日暖阳，洒满了山村广场，散步、聊天、陪孩子嬉戏的人多了起来。大家三五成群聚在一起，兴致勃勃地回味着聆听总书记讲话时的情景，"激动！真是太激动了！"

"总书记说，党和政府永远是人民群众的强大依靠。"回忆当时的场景，冯丽杰仍激动不已。当时，冯丽杰就站在前排，她是土生土长的祝家沟村人，见证了村子从"灾"到"兴"的变化。"总书记的话说到了我们的心坎上。风雨过后，带来的不仅是感动，更是一股催人奋进的力量。"冯丽杰语气坚定地说。

亲切关怀、殷殷嘱托，深深感染和激励着现场的每一个人，奔向新生活，大家倍感温暖、充满力量。

2025年上初中二年级的王馨婧也在现场，她说："我一定要努力学习，把知识学到家，把技能学到手，将来也为家乡的建设贡献一份力量。"春节将至，从事快递业务的朱广玉即将返回工作岗位，现场聆听总书记讲话，让他感到心

上/ 新建的家园设施完备，村民正在宽敞的厨房里包饺子

下/ 小年夜，村民王宝维一家人在新房里幸福团聚

头暖意融融，也更觉得新春坚守工作岗位很有意义。

经历了那场罕见的洪灾，村里人更懂得了感恩和珍惜。

共同努力，把幸福生活过得更好！

"不误农时不误春，趁着天气好，我得赶紧给果树剪枝。"王宝文憧憬着把自家果园打造成旅游采摘园。"过完年就闲不住了，补种、追肥、灌水，一个活儿接着一个活儿。"朱希君期盼着来年有个好收成……他们都是推进乡村全面振兴中的普通一员，也是实现辽宁全面振兴新突破的拼搏者、贡献者。他们开心地聊着幸福的今天，更满怀信心憧憬着更加美好的明天。

"总书记再见！""欢迎总书记再来！"离开村子时，习近平总书记与村民们挥手作别，乡亲们纷纷向总书记问好，掌声、欢呼声让小山村沸腾起来。

山里，孕育着丰收的希望；心中，升腾起勃勃的生机。"我们这儿有丰富的水果特产和优美的自然风景，我们要大力发展'农家乐'等乡村旅游，努力做好乡村全面振兴这篇大文章。"祝家沟村未来的发展在王丽丽心中有了清晰的规划。

夕阳渐渐落下，晚霞笼罩村庄，灶膛里的火苗驱散寒意，炊烟再度袅袅升起。这可贵的烟火气，诉说着家的温暖与团圆的喜悦，映照着乡亲们热气腾腾的生活和蒸蒸日上的希冀。

春光将近，未来可期。

生活甜美如糖果

在沈阳大东副食品商场
总书记说——

　　"菜篮子""米袋子""果盘子"是民生大事，现在物质丰裕，过年团圆更要让大家吃得好、吃得健康。

　　冬日辽宁，北风长鸣，气寒将雪，但仍然能从春节前的忙碌劲儿、升腾的烟火气中感受到这片沃土发展的脉动、振兴的潮涌、奋进的力量。

　　随着沈阳文旅持续火爆，沈阳大东副食品商场渐成游客"打卡点"。沈阳大东副食品商场前身是形成于1829年的小东门菜行，至今已有近200年的历史，目前经营面积约5500平方米，因极具特色、商品物美价廉深受沈城市民喜爱。据统计，商场日均客流量超过2万人，节日期间日均客流量达3万人，其中外地消费者占比近三成。

　　春节，是中国人心中最温暖的节日，牵动着海内外每一个中华儿女的心。大红色的"福"字贴起来，串串红灯笼挂起来，锅里炖着的四喜丸子饱满喜庆、肉香扑鼻，刚出锅的锅包肉外酥里软、甜香四溢，新鲜蔬果、老字号糕点琳琅满目，现场制作的手工肠、冷面摊位前排起了长队……踏入沈阳大东副食品商

沈阳大东副食品商场张灯结彩，采购年货的市民络绎不绝

场，温暖的烟火气瞬间将人紧紧包裹，浓浓的年味儿弥漫在角角落落。

"让每个家庭都过好节"，一直牵动着习近平总书记的心。2025年1月23日上午，习近平总书记在沈阳市考察了沈阳大东副食品商场，察看多家店铺，频频同店主和顾客交流，详细了解节日期间市场供应情况。

商场千层饼店店长李爽像往常一样忙着为顾客打包新出炉的千层饼，一阵热烈的掌声突然响起，习近平总书记正从商场正门走进来。"一下子就愣住了，太激动了。没想到总书记能来咱们商场，而且第一站就在我的档口停下来。"李爽的表达中仍透着难以掩饰的激动和兴奋。她说："总书记亲切地询问了饼的味道和品质，非常关心咱老百姓舌尖上的安全。"

在距离饼店不远的八旗手工肠档口，60岁的沈阳市民李玉荣迎来了她人生中的难忘一刻。"没想到能离总书记这么近。他亲切地问我，香肠是买给谁的。"总书记还向李玉荣问起香肠的口感、品质和价格。采访中，当时为李玉荣打包香肠的售货员吴晓霞仍沉浸在兴奋中，久久难以平静："总书记太亲切了，像一位温暖的长辈，对食品安全和品质比较关注，一直询问我们肉是不是新鲜。""咱八旗肠是百年老店了，配方是家传的，主打肉多、健康。每天卖出2000斤，是我们的实力。"讲起自家产品，店长付继说充满自豪。

"老字号众多，是我们的底气。质高价平，是我们的追求，"沈阳副食集团党委副书记、总经理刘艳玲笑着说，"沈阳大东副食品商场自己就是一个地地道道的沈阳老品牌。"

沈阳大东副食品商场的历史可以追溯到1829年的小东门菜行，1868年发展为东关菜行，1984年更名为沈阳大东副食品商场，发展至今已有近200年历史，是首批沈阳老字号企业之一。

百余年的日夜相伴，沈阳大东副食品商场已经成为周边居民日常购买新鲜食材的重要地点，亦是辽宁节日市场活力满满的鲜活注脚。

过年的仪式感，从置办年货开始。在沈阳大东副食品商场的年货展示区，拎着满满一袋子新鲜蔬菜的沈阳市民吉秀芝回忆起与总书记的交流，心里美滋滋的。吉秀芝说："总书记边走边看边问，要过年了都备点啥，价格咋样。我告诉他，今天买了香菜、彩椒、茄子，这里的菜又新鲜又便宜。现在物流畅通，物质也丰富，南方的菜、北方的菜，想吃什么都能买到。国家发展得好，给咱老百姓带来好福气了！"

商场内，人群不断围拢来，齐声向总书记问好，万千声音汇聚，像潮水般一次又一次激荡现场。

总书记从一位小女孩儿手中接过糖果，亲切地说："你们的糖我收下，吃了你们的糖心里很甜。你们是祖国的未来，希望你们的生活像糖果一样甜甜美美。"

这一温暖的祝福、动人的场景，出现在央视《新闻联播》的镜头中，唤起人们心与心的共鸣、情与情的共融。

电视画面中，亲手将糖递给总书记的小女孩儿，是来自沈阳市文化路小学二年级的王馨宇。握手的一瞬间，她感觉到习爷爷的手宽厚有力。"我要牢记习爷爷的话，好好学习、开心生活，成为祖国的栋梁之材。"采访时，王馨宇的语气稚嫩，却透露出一种坚定：全家人都努力奋斗，日子一定会越来越美好。

正如总书记的深情希冀，新时代新征程上，在党的坚强领导下，越来越多的人在国家发展进步中实现"稳稳的幸福"。行走于沈阳大东副食品商场，"生活年年都有新改善，一年更比一年好"的心声透过一句句话语、一张张笑脸表达出来。

日子越过越好，表现在需求端，也体现于供给侧。

与总书记有过简短交流的奥汀三文鱼店店长岳凯阳，依然兴奋不已。在他看来，一份三文鱼即能透视生活品质之变。"现在老百姓生活年年都有新改善，消费水平提高很快，像三文鱼这种过去的所谓高端食材，如今已成为消费者的家常菜。节假日销量更高，这几天，我们切鱼的节奏一直停不下来。"岳凯阳笑着说。

李蔓蔓在沈阳大东副食品商场已经工作十几年了，过年卖鲜花还是头一次。"这是我们应消费者要求开的新档口。以前人们过年喜欢买鱼、买肉。现在日子好了，大家更注重在文化领域消费，比如我们这种能够营造氛围感的鲜花和节日装饰品。而且，这里的花都是从花圃预订的，品质好，价格还亲民。"更让李蔓蔓意外的是，她竟因卖花遇到了总书记。"总书记亲切地问我，大家最喜欢买什么花。我回答，这里的兰花最受关注，因为寓意好。"与总书记的对话，刻进李蔓蔓的心坎儿。

消费者与经营主体的切身感受，照见辽宁对于民生工作的用心用情用力。

上／ 沈阳大东副食品商场内，顾客正在购买四喜丸子

下／ 百年老店八旗手工肠顾客络绎不绝

实施全面振兴新突破三年行动以来，全省上下坚持以人民为中心的发展思想，把让老百姓过上好日子作为一切工作的出发点和落脚点，专门出台《关于在辽宁全面振兴新突破三年行动中进一步保障和改善民生的实施意见》，努力办好民生实事、增进民生福祉，让人民群众更有获得感、幸福感、安全感。2024年，全省一般公共预算支出用于民生比重达到76.7%，政府带头过紧日子，让群众过上好日子。

考察时间虽然不长，但总书记的脚步有深情，言语有深意。离开沈阳大东副食品商场时，人群中经久不息的掌声和欢呼声表达着内心的不舍，习近平总书记亲切挥手、微笑作别。

商场依旧繁忙，交谈声、叫卖声、电子秤发出的"滴滴"声交织在一起，奏响一曲热闹非凡的生活乐章。川流不息的人群、热气腾腾的美食，定格出辽宁人日子越过越好的生动画面。

人间美景在长安

在沈阳大东区长安街道长安小区
总书记指出——

城市更新要因地制宜，同社区建设结合起来，一切着眼于便民、利民、安民，特别要更好地关心呵护"一老一小"。

过好春节意味着新一年有一个好的开端，家家户户幸福生活、老老少少开心快乐，就是人间美景。我们要一起努力，让这美景越来越亮丽。

2025 年 1 月 23 日，农历腊月二十四，沈阳市大东区长安街道长安小区活力涌动，欢乐祥和。小区居民聚在集中改造后的党群服务中心，写春联、钩花、编中国结，为迎接蛇年春节做准备。

当天上午，习近平总书记来到长安小区，走家入户，和居民拉家常，在党群服务中心和大家亲切交谈，了解优化便民惠民服务、提升居民生活品质等情况，为大家送上新年祝福。

在写有"与邻为善，以邻为伴"的小区广场上，居民们身着花袄，手握彩扇，舞起了东北大秧歌《欢乐中国年》，向总书记展示蒸蒸日上的幸福生活。

城市社区居民生活过得怎么样、便民惠民服务有哪些优化、居民生活品质提升得如何，这是习近平总书记春节前夕在辽宁考察的重要关注点。

"太激动了，真没想到总书记能到我家来，他进屋来和我握手，一直这么握着，坐在我身边，问我多大年纪，身体怎么样。"回想起习近平总书记来到家里时的情景，长安小区居民、83岁的郎素兰激动不已。总书记亲切的询问、温暖的话语，深深印刻在郎素兰的心里。郎素兰说，退休金年年涨，现在每月能拿4000多元钱，晚年太幸福了。

这是一个四世同堂的家庭。郎素兰和二女儿邵冰生活在一起。外孙女一家住在隔壁单元，和老人距离很近。2岁的曾孙女韩一丞是全家人的掌上明珠。总书记进屋时，邵冰正在准备一家人的午饭。

"总书记特别细心，进屋来先看了厨房，当时我锅里炖着酸菜白肉，还有些黏火勺，"邵冰回忆起当时的情景。"总书记询问我们这几年小区有啥变化。我们在这里生活了33年，见证了小区发生的巨变，尤其是2023年老旧小区改造以后，楼房外墙做了保温，下水、暖气管网换新，废弃已久的锅炉房改造成了社区党群服务中心，老人、孩子有了活动的地方，社区服务也很到位，我们住得舒心、放心、安心。"

"总书记特别关心我们的生活，尤其是'一老一小'，事无巨细。而我现在正是'上有老，下有小'，"郎素兰的外孙女孙佳宝说，"老人都有医保，看病有保障，住院也花不了几个钱。我女儿现在2岁，长大后入学也不用操心，可以就近念我上过的小学和初中。随着小区改造，我家里也换了地暖，冬天特别暖和，生活真是越来越好。"

"幸福"一词，反复出现在郎素兰一家人的话语中。家家户户幸福生活，老老少少开心快乐，就是人间美景。

乙巳蛇年春节就要到了，在长安小区党群服务中心一楼活动区，居民们写

在沈阳市大东区长安小区党群服务中心，社区居民欢聚一堂写春联、编中国结

春联、钩花、编中国结，感受传统文化的魅力，"年味儿"越发浓烈。

总书记来到社区居民中间，不时赞赏他们的作品，勉励他们更好传承弘扬中华优秀传统文化。

"总书记来时，我写的就是这样一副春联：家睦邻善多喜乐，国富民强长安宁。横批：紫气东来。'多喜乐、长安宁'是总书记新年贺词中提到的，长安是社区名，'家睦邻善'是社区文化，这副春联反映了我们的幸福生活。"社区居民、76岁的书法爱好者王立祥说。

王立祥在社区里做起了志愿者，免费为居民写春联、"福"字。"现在党和政府对我们老年人特别关心，我们也要发挥余热，老有所为、老有所乐。"

社区不仅服务"一老"，更是"一小"的乐园。孩子们在老师指导下，编出一个个寓意吉祥的中国结。10岁的刘明皓小朋友说："习爷爷问我，编的是什么，寓意是什么。我和习爷爷说，我编的是花生结，意味着好事发生。"六年级小学生吕晨说："我告诉给爷爷，我做的是丝带结，寓意是长寿安康，祝您在新的一年身体健康、万事如意。"

在钩花活动区，很多居民参与到手工制作中。71岁的社区居民逯军向总书记展示了她们的作品，"现在生活好了，不钩毛衣，开始钩花了，我们的幸福生活就像花一样。"

在社区党群服务中心二楼，墙上贴着文体团队活动时间表，合唱团、民乐队、模特队、艺术团、柔力球、太极拳……十几个文体团队为不同爱好者搭建了舞台。摄影、纸贴画、心理、国画、朗诵……丰富的课程充实着居民生活。

"总书记饶有兴致地欣赏了我们的表演。"竹笛小乐队队长吕忠钢脸上难掩激动，他们竹笛小乐队为总书记现场演奏了一段笛子合奏曲《扬鞭催马运粮忙》。吕忠钢说，吹笛子让他的退休生活更快乐，现在乐队有近百平方米的训练场地，大家排练更起劲儿了。

过好春节意味着新一年有一个好的开端。如今，笑容正在社区老老少少的脸上绽放。

殷殷关怀，暖人心田。"总书记勉励我们做好社区服务。"1月23日，向总书记汇报完社区工作后，长安社区党委书记曹雪激动的心情久久难以平静。

在社区党群服务中心，醒目的位置展示着"15分钟便民生活圈"，周边商超、餐饮店、快递点、药店等服务信息应有尽有。社区公示板上，社区党组织负责人、网格员的联系方式一目了然。

右上／ 长安小区文化广场上，居民们扭起欢快的秧歌
右下／ 经过集中改造的大东区长安小区外景

"总书记来到我们社区，是对我们莫大的鼓舞，我们工作起来更有干劲儿了，"社区工作人员曹思琪兴奋地说，"我要当好网格员，做到人熟、地熟、情况熟，'零距离'为居民提供便利服务。"

习近平总书记对老旧小区改造十分关心。得知长安小区改造后居住环境明显改善，各方面服务保障到位，总书记表示肯定。总书记指出，城市更新要因地制宜，同社区建设结合起来，一切着眼于便民、利民、安民，特别要更好地关心呵护"一老一小"。总书记的话，曹雪牢牢地记在了心间。今后的工作更有方向了！

冬日阳光照射到粉饰一新的红色居民楼上，园区内齿轮造型的雕塑诉说着工业记忆。在社区一块电子屏幕上，展示着老旧小区改造前后的变化，见证着小区由"旧"到"新"的蝶变。

"我在这儿居住30多年了，以前小区环境差，地面坑洼不平，房子不保温，活动场地少。"长安小区首批住户王福山说，现在小区不仅环境变美了，还有专门的活动场地、养老服务站和健康驿站。小区内废弃的老旧锅炉房，因地制宜改造成了社区党群服务中心。旧烟囱也按居民意愿予以保留，并在外观上进行改造，留住工业城市的历史记忆。

殷殷嘱托、催人奋进。"总书记肯定了我们的工作，对我们是莫大的鼓舞。"曹雪说，作为社区干部，我们一定牢记总书记的嘱托，把老百姓身边的大事小情解决好，为居民提供更精准、更贴心的服务，努力让"家家户户幸福生活、老老少少开心快乐"的人间美景越来越亮丽。

夜幕降临，长安小区文化广场上，环绕旧烟囱的装饰灯带点亮了夜空，正如小区居民的生活，绚丽多彩……

挺起"钢铁脊梁"

制造业要坚持高端化、智能化、绿色化方向，不断提高产品科技含量和附加值，像鞍钢这样的国有大企业要为中国式现代化多作贡献。

山城本溪，彩灯高挂，节日气氛浓厚。

2025 年 1 月 23 日下午，习近平总书记来到本溪市，考察了鞍钢集团所属的本钢板材冷轧总厂第三冷轧厂。他在企业集控中心察看集控智能系统运行，在车间了解冷轧工序、技术创新、产品性能，并亲切看望劳动模范、青年技术骨干、一线职工代表。

习近平指出，制造业要坚持高端化、智能化、绿色化方向，不断提高产品科技含量和附加值，像鞍钢这样的国有大企业要为中国式现代化多做贡献。

总书记的重要指示，让钢铁人激动、自豪，倍感振奋，更坚定了在全面深化改革上展现新作为，实现新突破的信心和决心。

总书记考察期间，本钢集团有限公司党委书记、董事长于峰一直跟随总书记的脚步，介绍生产线的运转情况、企业的产品特色、改革发展成绩。

本钢板材冷轧总厂第三冷轧厂外景

"见到总书记，我特别激动，"回忆起当时的情景，于峰兴奋地说，"总书记一路走一路听，不时询问我们的产品定位、装备水平等情况，言语中体现出对鞍钢、对本钢的高度重视和深切关怀，让我们深受鼓舞、倍感振奋。"

作为共和国的功勋企业，本钢是新中国最早恢复生产的钢铁企业之一，新中国自己设计制造的第一批枪、第一门炮、第一颗返回式卫星、第一枚运载火箭等多个"新中国第一"中都使用了本钢的钢材，本钢累计派出 3.8 万人支援全国钢厂建设。

2021 年 8 月 20 日，鞍钢、本钢重组大会召开，本钢正式成为鞍钢集团控股二级子企业，开创了特大型国有钢铁企业重组整合融合新模式。改革，不仅

打造了"南有宝武，北有鞍钢"的钢铁产业新格局，也使本钢焕发了生机与活力。通过战略协同、资源整合、管理提升以及市场化改革等举措，新本钢主业实物劳动生产率提高 104%，铁精矿产量提升 15%，职工收入提高 26%。重组改革，给本钢带来巨大变化。

作为改革的亲历者，几年来，本钢板材冷轧总厂厂长魏春新亲眼看到了改革给企业带来的成效、活力，"相当自豪"，听到总书记的鼓励，他和几位"老伙计"一起，激动不已，连声感叹："改革后，我们顶住外部压力、克服内部困难、付出艰辛努力，在逆境中扎实推进企业转型升级，在改革发展大局中稳中有进，取得了许多新突破。总书记的鼓励，对我们来说是压力，更是前进路

本钢板材冷轧总厂第三冷轧厂车间内景

本钢板材第三冷轧厂

本钢板材第三冷轧厂

上的动力。"

　　力争把改革的压力变成前进的动力的，还有年轻人。23 日晚，虽然早就过了下班时间，可车间外的休息区里，几名青年技术骨干还围在一起，回想着总书记的鼓励与期望。这几年，在本钢，青年们的创新活力在不断深化改革中得到了充分释放。"我们这批年轻人，是在改革中成长起来，成为企业技术骨干的。这几年，在加大科技创新和产业创新的深度融合方面，我们做了一点儿贡献。未来，我们也一定会牢记总书记的嘱托，用青春力量推动企业高质量发展，在进一步的改革深化进程中，贡献我们的才智。"

　　改革，是发展的主旋律。近年来，鞍本重组效能持续释放，其中，市场化改革进程的加快，让本钢准确把握了发展主动。"总书记对钢铁行业以及对鞍钢、本钢提出的殷切期望，极大地提振了我们的信心，我们深感责任重大。"于峰表示，未来，本钢人一定会在全面深化改革上展现新作为，实现新突破。

　　跟总书记握过手的第三冷轧厂生产作业区作业长顾忠帅成了单位的"红人"。"那天，我在集控中心，为总书记现场介绍集控智能系统运行情况。当时总书记主动向我伸出手来，我赶紧握住，那一瞬间，心里有说不出的温暖。"

　　冷轧厂全流程集中控制中心是 2023 年 9 月启用的。集控中心把原来分散在 28 个操作点的人员和控制功能、生产线工艺参数和实时检测数据、生产现场的监控图像和设备运行状态的实时监控都集中起来，不但实现了人员优化、效率提升，还有效降低了现场的安全风险。

　　集控中心的投入使用，是本钢集团数字化转型持续加速的缩影。近年来，本钢加快打造数字化转型新引擎，以供应链金融数据产品为切入口，打通资源—资产—资本的转换通道，成为鞍钢集团及辽宁省首家完成数据资产入表及流通交易的企业。同时，数字化转型持续加速，数据管理能力成熟度通过 DCMM4 级评估，达到同行业领先水平。

左上／　本钢板材冷轧总厂第三冷轧厂借力数字技术生产的各类产品

左下／　本钢板材冷轧总厂第三冷轧厂集控中心内景

"实践证明，钢铁业虽然是传统产业，但加大创新力度、科技赋能起到的作用也会'赶超传统'。智能化、数字化带给我们的好处很多。"当时与顾忠帅一起聆听总书记教诲的魏春新，结合集控中心的运作方式，用一组实例说明转型升级给本钢集团带来的"质"变：成为辽宁省钢铁产业产学研创新联盟牵头单位、实现抗氧化免涂层热成型钢 CF-PHS1500 等全球首发、实施"人工智能+"行动，建成能源集控、数据治理等重点项目，实现产品全生命周期以及供应链数据贯通……通过数字赋能、智能制造，鞍本重组以来，本钢物流成本降低 15.46 元 / 吨钢，合同交付率提升 15%，检修计划执行率提升 30%，钢铁产业"智慧指数"提升 31.7%，进入行业第一梯队，获"国有企业数字化典范案例"。

"总书记说，制造业要坚持高端化、智能化、绿色化方向，不断提高产品科技含量和附加值。"顾忠帅表示，钢铁行业在制造业中占据龙头地位，是国民经济的基础性产业，是新质生产力的重要组成部分，"我们有责任有义务，以科技创新推动产业创新，在建设现代化产业体系中挺起'钢铁脊梁'。"

忆及和总书记会面的场景，本钢设备工程公司首席技师罗佳全仍十分激动。作为全国劳动模范，罗佳全 2020 年曾在人民大会堂受表彰时见过总书记，这次则是在自己工作的单位。

从 1979 年入伍以工程兵身份参与本钢建设算起，罗佳全 46 年的人生和本钢紧密相连，不仅见证了本钢的发展壮大，还从一名普通工人成长为国家级技能大师。他说："本钢的成长始终伴随着创新，创新的关键在于人才，今后我将致力于带好团队，培养更多高精尖的工匠，为提升公司产品竞争力贡献更大的力量。"

2024 年以来，我国钢铁行业整体呈现出高产量、高出口、高成本、低需求、低价格和低效益"三高三低"的特点，进入深度调整期。面对复杂的国内外形势，钢铁行业正逐步从追求产量规模速度向品种质量服务转型。

"在这样一个相对困难时期，总书记到来并给大家拜年，既是为大家鼓劲打气，也是一次鞭策。我们一定会保持战斗意志，攻坚克难，坚持以科技创新为原动力，用发展的实绩向总书记交出一份合格的答卷。"魏春新说。

危和机总是同生并存，克服了危就是机。在设备工程师朱宏建看来，钢铁产业虽然是传统产业，但随着新的市场需求不断涌现、演变，为钢铁产业带来了升级空间，当前还有"两新"等惠民惠企政策的支持，大家都有信心变危为机。

新的一年徐徐打开，机遇和挑战并存，荆棘与鲜花同在，本钢，加油！

2025 之于辽宁，重若千钧。

习近平总书记春节前夕到辽宁考察并提出殷切期望，

"十四五"收官，三年行动决胜，全面振兴新突破冲刺撞线……

这是一个意义深重的年份。

新春第一会，发令枪已经打响，我们向着目标全力冲锋。

这是决胜该有的样子！

决胜之战

蛇年新春第一会

人勤春来早，奋进正当时。2025 年 2 月 5 日，蛇年新春的第一个工作日。和 2024 年一样，辽宁省委第一时间召开被定义为"新春第一会"的全省优化营商环境暨三年行动决胜之年动员大会。2025 年的关键词，是"决胜"。

"新春第一会"往往具有"风向标"意义。辽宁连续两年在农历新年的首个工作日召开"新春第一会"，就是要将各级党员干部从节日氛围中唤醒，促使大家迅速收拢心思、调整状态，以饱满热情、昂扬斗志投入新一年工作中。

这场会议，正值全省上下全面掀起学习贯彻落实习近平总书记在辽宁考察时的重要讲话和重要指示精神热潮之际，就是要动员全省上下用心感悟习近平总书记为辽宁擘画新篇的立意之深、思量之远，用心感悟习近平总书记对辽宁振兴发展的深情牵挂、亲切关怀，从中汲取砥砺奋进力量，以"起步冲刺、决胜全年"的决心和姿态，打好打赢决胜之战，圆满完成"十四五"规划和三年行动目标任务。

此次会议明确了打赢决胜战、收官"十四五"的总体要求，强调要做到"六个必须"：

一要坚持高质量发展不动摇，坚持传统产业转型升级和战略性新兴产业培育壮大两手并重，持续做好结构调整"三篇大文章"，因地制宜发展新质生产力，加快构建具有辽宁特色优势的现代化产业体系；要着力补齐海洋经济、县域经济短板，加快冰雪产业高质量发展，扎实推进乡村全面振兴；沈阳和大连要充分发挥顶梁柱作用，其他各市要努力为全省大局多作贡献；要抢抓政策机遇，系统谋划一批高质量项目，变政策红利为发展动力。

二要持续打造一流营商环境，强化法治建设、优化公共服务，让各类经营主体在辽宁拥有获得感、礼遇感和归属感；要推出一批具有辽宁辨识度的改革举措和经验成果，以改革"硬举措"优化"软环境"、激发新活力；要深化"三企联动""三资齐抓"，推动国有资本和国有企业做强做优做大，支持民营企业转方式、调结构、换动能、提能级；要更好发挥重要海陆门户作用，融入高质量共建"一带一路"。

三要千方百计增进民生福祉，扎实做好就业、教育、医疗、托育、养老等工作，巩固拓展脱贫攻坚成果；要加强城乡精神文明建设，深入实施文化惠民工程，加快推进文体旅产业融合发展；要持续改善生态环境质量，让辽沈大地蓝天永驻、青山常在、绿水长流；要全力以赴防风险、保安全、护稳定，扎实做好安全生产、信访稳定、社会治安等工作。

四要凝聚共促振兴强大合力，充分发挥人大政协的职能作用、统一战线的强大法宝作用、群团组织的桥梁纽带作用，引导社会各界积极投身振兴发展火热实践；要与驻辽单位加强紧密联系，同频共振、同向发力，更好助力辽宁全面振兴；要与新闻媒体同声共鸣，向外界全方位展示全省上下打好打赢决胜之战的生动场景。

五要以过硬作风真抓实干，只争朝夕开好局，把各项工作往前赶，确保首季"开门红"，为保证完成全年目标任务打好提前量；要勇于斗争破难题，在破解难题中展现担当作为，在苦干实干中推动工作落实；要解放思想闯新路，善于用新思维新招法解决发展难题，不断提升在复杂环境、多重约束下解决现实问题的能力。

六要毫不动摇坚持党的领导，以坚强有力的指挥推动各项工作落实，以选人用人的导向激发干事创业活力，旗帜鲜明鼓励笃行实干者、褒奖无私奉献者、淘汰怠政躺平者、惩办违法乱纪者；要坚定不移全面从严治党，巩固深化党纪学习教育成果，驰而不息贯彻落实中央八项规定精神及其实施细则，教育引导党员干部做到忠诚干净担当，以海晏河清的政治生态保障辽宁振兴发展。坚持高质量发展不动摇，持续打造一流营商环境，千方百计增进民生福祉、凝聚共促振兴强大合力、以过硬作风真抓实干，毫不动摇坚持党的领导。

一系列部署安排，彰显了省委、省政府推动振兴发展再上新台阶、当好东北振兴开路先锋的坚定决心与旺盛斗志。

三年行动，转眼间已过两度春秋。两年来，全省上下牢记嘱托、感恩奋进，聚焦维护国家"五大安全"、打造新时代"六地"，坚持一手抓高质量发展、一手抓全面从严治党，办成了一批事关长远的大事要事，解决了一批长期积累的矛盾问题，取得了一批振奋人心的重大成果，振兴发展取得突破性、转折性、历史性进展，辽宁处处展现出勃勃生机、光明前景。实践充分证明，三年行动作为谱写中国式现代化辽宁篇章的奠基之举、垒台之作，是辽宁做好各项工作的总牵引，只要我们一以贯之、一往无前、一抓到底，就一定能够实现全面振兴新突破！

今日辽宁，行进至"决胜"与"收官"的关键阶段，哪一个关口过不去，一步之遥的成功都可能变为擦肩而过的遗憾。决胜之战，是一场事关实现全面振兴新突破的大会战，是一场意志的大较量、血性的大比拼，我们必须做好打苦仗、打硬仗的充分准备。此时，尤需时刻牢记习近平总书记的谆谆教诲和殷殷嘱托，以破竹之势冲锋战斗，以雷霆之力攻克难关，打一场气势恢宏的大决战，以辽宁特有的大忠诚、大担当、大作为奋力夺取三年行动全面胜利，以实际行动回报习近平总书记和党中央的深情厚爱。

决战决胜，能不能啃下一块块"硬骨头"，能不能把更多"不可能"变成"可能"，关键靠过硬的作风，关键靠真抓实干。我们要只争朝夕开好局，按下"快进键"、挂上"高速挡"，把各项工作往前赶，确保首季"开门红"，为保证完成全年目标任务打好提前量。要勇于斗争破难题，锚定产业发展的难题、聚焦群众反映的难事、紧盯基层工作的难点，在苦干实干中推动工作落实。要解放思想闯新路，善于用新思维新招法解决发展难题，努力在产业转型、科技创新、深化改革、化解风险等方面更新观念、拓宽思路，不断提升在复杂环境、多重约束下解决现实问题的能力。

"凡作事，将成功之时，其困难最甚。"打好打赢决胜之战，实现全面振兴新突破，是习近平总书记、党中央交给辽宁的政治任务，饱含着辽宁人民的热切期盼，必须如期实现，没有任何退路。从今天起，从现在起，让我们笃定目标、加压奋进、闯关夺隘，打一场气势恢宏的大决战，奋力夺取全面振兴新突破三年行动的全面胜利！

红沿河核电站是东北地区第一座核电站，总装机容量为 671 万千瓦，
总投资 900 亿元。图为红沿河核电站远景

打好关键的一役

从"首战"经"攻坚"到"决胜",新时代"辽沈战役"进入"关键一役"。

三年行动的缘起,是落实习近平总书记作出的新时代东北全面振兴"十四五"时期要有突破等一系列重要指示以及党的二十大报告关于"推动东北全面振兴取得新突破"的重要部署,是省委按照总书记对东北全面振兴的擘画作出的重大决定。从首战告捷到攻坚连胜,我们始终得到习近平总书记的亲切关怀和党中央的大力支持。

对东北振兴发展,习近平总书记始终关注、十分关心。每到振兴发展的重要关口,总书记就亲自为辽宁把脉定向、指路领航。2025 年 1 月 22 日至 24 日,总书记再次亲临辽宁,这是党的十八大以来,总书记第四次到辽宁考察,从全局观一域,给我们以思想指引、精神鼓舞、奋斗感召。

一以贯之的殷切期望。从 2022 年 8 月的"在新时代东北振兴上展现更大担当和作为"到这次提出的"在推动新时代东北全面振兴取得新突破上勇于争先",总书记赋予辽宁新的时代使命。勇于争先,是期望,是鞭策,是沉甸甸的责任,更是无上的光荣,舍我其谁、责无旁贷。

一脉相承的悉心指导。从"四个着力""三个推进""做好六项重点工作"到这次提出"统筹传统产业转型升级和战略性新兴产业培育壮大""聚精会神抓改革开放"……对辽宁情况,总书记熟稔于心,为振兴发展指引方向、指明道路，总书记语重心长、饱含深意，对新时代东北全面振兴充满期待。

一如既往的深情厚爱。在看望慰问受灾群众时，总书记希望"大家共同努力把幸福生活过得更好"。两年多前在看望社区居民时，总书记祝大家"在新时代东北振兴中过上更加幸福、更加美好的生活"。时时放心不下的，始终是人民。总书记的人民情怀，辽宁人民感同身受。

高度重视、念兹在兹、充满期待，辽宁人民感恩于心；温暖、信心、力量，辽宁人民奋发前行。

扎扎实实办好辽宁的事，我们唯有知责担责尽责，不辱使命、勇于争先，打好决胜战、实现新突破，一步一个脚印把总书记擘画的振兴发展蓝图变为现实，谱写好中国式现代化辽宁篇章。

三年行动目标清晰：2023 年地区生产总值增速赶上全国水平，2024 年超过全国水平，2025 年实现"十四五"目标。如今，两年过去，经过首战和攻坚，我们紧扣序时进度，如期达到既定目标，三年行动走到了决胜的关口。

决胜之年，形势怎么看？工作怎么干？

辽宁的任务，就是不折不扣地把总书记关于东北、辽宁全面振兴的一系列重要讲话、重要指示和党中央决策部署，转化为决战决胜的生动实践、推动落实的具体举措、振兴发展的实际成效，圆满完成"十四五"规划和三年行动目标任务，扎扎实实办好自己的事，在推动新时代东北全面振兴取得新突破上勇于争先，以"辽宁之为"服务"国之大者"。

决胜之战，承前启后，事关实现全面振兴新突破，事关"十五五"良好开局，事关为新时代"六地"夯基，责任之大、任务之重，不言而喻。因其重大，自然不是轻轻松松就能实现的。全面振兴是康庄大道，但不是一马平川。决胜之年，我们仍然面临诸多困难与挑战，仍然需要首战的锐气、攻坚的劲头，鼓足干劲、真抓实干。

夜色中的盛京大剧院

　　今天的辽宁，正展现出勃勃生机和光明前景。

　　决胜之年，我们要保持住此前累积形成的追赶超越的发展"惯性"，涵养好"一团火"的干事创业激情，澎湃自己、感染他人、形成氛围，让辽宁这方沃土蒸蒸日上、一片沸腾。

　　雄关漫道，择善固执。书写最精彩、最动人的辽宁故事，每个人都是执笔人!

固投增速创新高

投资，是扩大内需的"主角"之一，是打赢决胜之战的重要支撑。

2024年，全省上下以15项重大工程为总抓手，以央地合作为突破口，拼抢争实谋划推进高质量项目群，全力以赴扩大有效益的投资，投资增速稳步提升，投资结构持续优化。

2025年，辽宁将围绕固定资产投资增长8%的目标，细化实化具体化各项任务，紧抓存量和增量投资政策落地落实，持续发挥政府投资引导撬动效应，不断激发民间投资积极性，全力扩大有效投资，提高投资效益。

2025年2月6日，辽宁省政府新闻办召开2024年全省经济运行情况及2025年重点工作安排系列新闻发布会，省发展改革委相关负责人出席发布会介绍辽宁投资项目等情况。

■ 2024年全省固投增速创10年来最好成绩

据介绍，2024年全省固定资产投资同比增长5.3%，高于全国2.1个百分点，居全国第十位，创10年来最好成绩。扣除房地产开发投资，全省固定资产投资增长12.8%，其中民间投资增长4%。

具体来看，各市投资持续向好，部分地区好于预期。7个市投资增速超全省平均水平，其中盘锦、葫芦岛、本溪三市超额完成全年目标任务，有力保障了全省投资增长；锦州、朝阳、营口、鞍山共同拉动全省投资增长 2 个百分点。

制造业投资引领作用凸显，转型升级步伐加快。制造业投资同比增长14.4%，增速比全部投资高 9.1 个百分点，拉动全省投资增长 3.3 个百分点；占比达到 25.2%，比上年高 2 个百分点。"两新"政策效果凸显，工业技改投资增长 17.1%，设备工器购置增长 17.8%，有力带动全省产业结构优化升级。

"两重"建设全面推进，基础设施投资增速回升。基础设施投资同比增长14.5%，增速比全部投资高 9.2 个百分点，拉动全省投资增长 4.7 个百分点；占比达到 35.3%，比上年高 2.8 个百分点。其中，航空运输业增长 15 倍，水利管理业增长 91%，互联网和相关服务业增长 49.1%，电力、热力、燃气及水的生产和供应业增长 15.8%。

高技术产业投资稳定增长，新动能加快培育。高技术产业投资同比增长3.5%，其中航空、航天器及设备制造业增长 1.3 倍，电子工业专用设备制造增长 32.5%。高技术服务业投资同比增长 22.5%，其中信息传输、软件和信息技术服务业增长 7.1%，科学研究和技术服务业增长 45.2%。

重点领域投资持续发力，民生福祉全面增进。消费市场活力满满，批发和零售业投资增长 63.1%，住宿和餐饮业投资增长 86.3%。城乡人居环境持续改善，水利、环境和公共设施管理业投资增长 18.1%，居民服务、修理和其他服务业投资增长 45.4%。现代服务业能级持续提升，租赁和商务服务业投资增长19.6%，交通运输、仓储和邮政业投资增长 18.2%。

2024 年，全省深入实施重大项目省级推进机制，持续强化储备项目库、建设项目库、重点项目库"三库联动"，突出抓好项目谋划储备、前期论证和落地转化，全力推动形成谋划储备一批、前期准备一批、开工建设一批、竣工达产一批的良性循环发展局面。

总投资 8.8 亿元的盘锦伊科思碳五低碳综合利用绿色新材料项目已进入设备安装阶段

2024 年，全省纳入储备项目库项目超 1.9 万个，总投资超 9 万亿元。建设项目数量超 1.4 万个，完成投资同比增长 12.8%，有力支撑了全省投资稳定增长。其中亿元以上建设项目投资增长 18.2%，10 亿元以上建设项目投资增长 34.9%。

同时，强化省级统筹协调，重点项目加快实施。实行省领导联系联络重点项目机制，加大要素保障力度。300 个省级重点项目的规模和质量持续提升，完成投资占全省总量的 22%，起到"压舱石"和"动力源"作用。央地合作持续深化，共赢成果加速显现。193 个重大央地合作项目实际开工 141 个，带动中央项目投资增长 27.8%。

盘锦港集装箱码头，集装箱整齐摆放，集卡车往来穿梭，装卸现场一派繁忙景象。2025年以来，辽港集团盘锦港通过深度发掘潜在市场、科学合理安排生产、苦练内功提升服务等举措，稳存量、扩增量，拓货源、提质效，全力确保首季开门红。截至2月上旬，盘锦港货物吞吐量较2024年同期增长38.6%。图为繁忙有序的盘锦港码头

■ 以强有力的项目支撑"开门红"

对于 2025 年的投资工作，省发展改革委相关负责人表示，要以"开局就是决战，起步就是冲刺"的奋进姿态，抢前抓早各项工作。提前做好续建项目施工组织准备，集中开展新开工项目前期手续攻坚，确保具备条件后即可开工建设，开工建设后就能最大化建设速度，用强有力的项目支撑，确保 2025 年一季度开好局、起好步。

不断夯实全年项目基础。抓住"两重"建设机遇，深入实施 15 项重大工程，持续谋划储备高质量项目，全力争取国家政策资金支持。继续开展"送政策、送服务"下基层活动，举办项目谋划能力提升培训。坚持服务围着项目转，做好资金、土地、能耗等要素保障，推动更多项目落地转化、顺利实施。

全力推进重大项目建设。持续强化重大项目省级统筹，遴选一批重大工程和央地合作省级重点项目，优化服务项目快速通道和解决问题绿色通道，聚集优势资源向省级重点项目倾斜，采取"一项目一方案"的模式，推动省级重点项目建设再上新台阶。

充分发挥政府投资效益。抓住中央资金适度增加规模和扩大支持范围的政策机遇，更好地发挥政府投资"四两拨千斤"作用。用好超长期特别国债，加大建设力度，加强软硬结合，全力推进"两重"建设。落实地方政府专项债券管理机制，按照投向领域"负面清单"和用作资本金范围"正面清单"，加强项目谋划储备，加快推进项目建设。

多措并举激发民间投资活力。落实落细促进民间投资的政策举措，集中向民间资本推介重大项目，提升"连线"成功的项目数量。规范实施政府和社会资本合作（PPP）新机制，最大限度鼓励吸引民营企业参与。充分发挥基础设施基础设施不动产投资信托基金（REITs）重要作用，进一步加强项目培育，

大连金普新区科德数控股份有限公司 KMC 系列五轴立式加工中心生产装配车间

支持更多符合条件的项目发行上市。

■ 确保"两重"建设有序推进

2025 年，国家将增加超长期特别国债发行规模，拓展"两重"建设支持范围，更大力度支持"两重"建设。对此，省发展改革委相关负责人表示，2025 年，辽宁将在总结和延续已有经验做法基础上，从政策制定、规划编制和体制机制改革上持续发力，加大项目谋划储备力度，提前谋划"十五五"时期的重大项目，明确时间表和路线图，分步实施，确保"两重"建设有序推进。

强化目标引领，把握好"两重"各项任务的投资方向。聚焦新质生产力发展、城乡融合发展、区域协调发展、人口高质量发展等方面，坚持项目跟着规划走，谋划储备一批符合"两重"要求、惠当前、固根本、利长远的重大项目。

强化软硬结合，充分发挥政策叠加效应。以辽宁推进"两重"建设工作方案为总抓手，统筹抓好"硬投资"和"软建设"，坚持系统集成、规划引领、目标导向、精准突破，抓紧出台实施"软建设"相关配套政策措施，用改革办法和创新举措破解深层次障碍。

强化组织协调，充分发挥辽宁推进"两重"建设工作机制作用。开通"两重"项目审批"绿色通道"，强化项目要素保障，加大资金筹措力度，确保资金和要素跟着项目走。开展"两重"政策宣讲培训，不断提高项目成熟度和申报成功率。

强化服务保障，落实全生命周期的项目管理。对2024年"两重"超长期特别国债项目，坚持问题导向，采取现场办公、现场服务的方式，及时协调解决项目推进过程中存在的问题，加强在线监测和总结评估，全力推进项目建设进度，加快形成更多实物工作量，充分发挥国债资金效益。

工业兴则辽宁兴

2024年，辽宁规模以上工业增加值同比增长3.1%，与全国差距有所收窄。14个市中，有7个市增速跑赢全国。装备制造、冶金、消费品等板块分别同比增长4.5%、7.3%、5.4%。工业投资同比增长12.7%，高于全国0.6个百分点。全省工业经济运行总体平稳、稳中有进、进中提质。

2025年，辽宁工信战线将锚定实现新型工业化这个关键任务，加大力度做好结构调整"三篇大文章"，统筹传统产业转型升级和战略性新兴产业培育壮大，以科技创新引领新质生产力发展，加快构建具有辽宁特色优势的现代化产业体系，高质量完成"十四五"规划和三年行动目标。

2025年2月8日，省政府新闻办召开2024年全省经济运行情况及2025年重点工作安排系列新闻发布会，省工信厅相关负责人出席发布会介绍辽宁工业运行情况。

■ 稳住工业"压舱石"

稳是进的根基，推动经济持续回升向好，稳住工业是关键。省工信厅相关负责人表示，2024年，面对市场疲软、重点企业集中检修等不利形势，全省工业战线顶住压力，依托工业稳增长专班，创造性实施"基点管理"，千方

大连金州湾国际机场工地

百计稳生产、扩投资。加强要素保障，组织产需产融对接活动 50 余场，下发稳增长奖励资金 1.57 亿元。建立工作专班，支持华晨宝马等重点车企及零部件企业稳产增产。推进华锦阿美等重大项目建设，带动 4244 个项目开复工、1294 个项目竣工投产。沈阳、大连入选全国 20 个制造业新型技术改造城市试点，入选城市数量居全国首位。

2025 年，面对复杂的国内外形势，工业发展仍需承压前行。省工信厅将盯住有边际收益产品、有正现金流企业，强化要素保障，全力支持稳产增产。继续加强与中石油、鞍钢、华晨宝马等头部企业联动。强化单项冠军县、工业强县、消费品工业特色镇建设，加快补齐县域经济短板。培育海工装备、航空制造业、轻纺工业等新的增长点。抢抓"两重""两新"政策机遇，谋划推进一批高质量项目。

朝阳市建平经济开发区的辽宁鸿鑫节能科技有限公司生产车间内一片繁忙

■ 调出产业"新气象"

结构是束缚辽宁工业发展的瓶颈之一。2024 年以来，辽宁以建设 4 个万亿级产业基地、22 个重点产业集群为抓手，推动改造升级传统产业和培育壮大新兴产业、未来产业齐头并进。

2024 年，全省高端装备、精细化工、冶金新材料、现代优质特色消费品营收占比分别较 2023 年底提高 1.6、1.6、1.5、1.3 个百分点。22 个重点产业集群营收占全省规模以上工业约 61%，其中战略性新兴产业集群营收比重首次超过 1/3，沈阳航空、沈大工业母机、大盘绿色石化等 3 个集群获评国家先进制造业集群，数量全国领先。

大连金普新区工业互联网创新体验中心项目进入全面调试阶段，图为技术人员在离散制作示范线上进行操作

　　2024 年，辽宁共新增创新型中小企业 1205 家、专精特新中小企业 630 家、专精特新"小巨人"企业 34 家，新增省级制造业单项冠军 60 个、国家级 8 个。培育省级中小企业特色产业集群 6 家，锦州太和区特种合金产业集群获评国家级中小企业特色产业集群。

　　2025 年，辽宁将继续围绕头部企业抓配套、调结构、扩规模，让"老字号"更具竞争力；着力延链补链强链，让"原字号"向"特"走、往"深"延；依靠科技创新与产业创新深度融合，催生壮大新兴产业、未来产业等"新字号"。特别是围绕 22 个重点产业集群，打造一批制造业创新中心、工业设计中心等创新平台，培育一批专精特新中小企业、制造业单项冠军等优质企业，开展一批新技术新产品新场景大规模应用示范，建设一批省级新型技改、中小企业数字化转型试点城市以及灯塔工厂、产业大脑、绿色工厂等试点示范。

■ 促转型向"高"跃升

转型升级是辽宁工业再创辉煌的必经之路。辽宁坚持科技创新和产业升级"双螺旋"发展，推进传统制造业向高端跃升、向智能升级、向绿色迈进。

2024年，辽宁聚焦高端化实施产业基础再造和重大技术装备攻关工程，79项产品工艺入选国家产业基础再造"揭榜挂帅"榜单，85个产品纳入省首台（套）重大技术装备目录。全省高技术制造业增加值同比增长11.3%，高于全国2.4个百分点。聚焦智能化，新增省级5G工厂25家、数字化车间和智能工厂212家，全省规模以上工业关键工序数控化率、数字化研发设计工具普及率分别达到64.8%、82.2%，均高于全国平均水平。聚焦绿色化，培育省级绿色制造单位152家、国家级47家，52家企业入选符合《废钢铁加工行业准入条件》企业，数量居全国第八位。

2025年，辽宁将继续聚焦"三化"，围绕产业集群、产业链等领域，推出一批具有辽宁工业辨识度的改革举措。充分发挥省数字辽宁智造强省专项资金引导作用，加大工业项目支持力度，支持企业开展大规模设备更新和技术改造。加快发展工业设计、检验检测、信息技术等生产性服务业，以金融为动力打通科技创新和产业升级"双螺旋"，深化重点实验室群和产业集群"双群互动"，全面提升产业服务水平。

华锦阿美精细化工项目业主码头建设现场

乡村振兴补短板

农业是国民经济的基础产业。2024 年，辽宁农业农村经济运行实现稳中有进、稳中有增的良好态势，第一产业增加值同比增长 4.2%，高于全国 0.7 个百分点，为推动全省经济社会高质量发展提供了有力支撑。

2025 年，辽宁将落实中央 1 号文件部署，按照省委、省政府工作要求，以实施乡村振兴补短板工程为主线，围绕建设现代化大农业发展先行地目标，千方百计推动农业增效益、农民增收入、农村增活力，打好打赢决胜之年决胜之战。

2025 年 2 月 10 日，省政府新闻办召开 2024 年全省经济运行情况及 2025 年重点工作安排系列新闻发布会，省农业农村厅相关负责人出席发布会介绍全省农业运行情况及 2025 年工作安排。

■ 夯实稳产保供根基

粮食安全是"国之大者"，作为全国粮食主产省之一，辽宁始终把粮食生产作为三农工作的头等大事，压实责任，出台支持措施，调动地方抓粮、农民种粮的积极性。

2024 年，辽宁在部分地区遭遇严重自然灾害的情况下，粮食产量仍然达

大地回暖，春意渐浓。铁岭市昌图县前双井镇的农田被早春的薄雪披上一层"营养外衣"，为即将到来的春播生产做好充分准备

到 500.1 亿斤，成为历史第三高产年；亩均单产 931.9 斤，稳居粮食主产省第二位。这些成果得益于粮食综合生产能力的持续提升：完成建设高标准农田 316 万亩，占永久基本农田比重达到 61%，建设任务和资金投入创历史新高；实施粮食单产提升工程 464 万亩；建设粮食生产科技示范基地 146 个，带动 14.6 万规模经营主体应用新技术。

与此同时，辽宁加大农业特色产业发展支持力度，集中支持 25 个特色产业发展，确定特色产业发展优势区 41 个，建设农产品标准化生产基地 203 个，支持 383 个生产经营主体发展产地初加工。建立大连海参、大连大樱桃、东港草莓等品牌标准，新增区域公用品牌 7 个。建设 2 个国家级农产品产地骨干冷链物流基地，农产品网络销售额同比增长超过 10%。创建国家级特色产业强

收获的季节，盘锦市大洼区唐家镇北窑村被金色稻田幸福包围

镇 5 个、优势特色产业集群 1 个，新增河蟹、绒山羊 2 个百亿级产业。

2025 年，辽宁围绕粮食生产明确两个重点：一是多措并举稳面积，确保全省粮食播种面积达到 5330 万亩以上，其中大豆播种面积达到 193 万亩以上；二是通过高标准农田建设、提升耕地质量、集成推广高产技术等，千方百计提单产。通过稳面积和提单产，力争正常年景下全省粮食产量达到 500 亿斤，继续为中国饭碗多装辽宁粮食。

省农业农村厅相关负责人表示，2025 年，辽宁将继续打造一批百亿级特色产业，实行省政府领导"一对一"牵头制度，统筹推进海参、人参、草莓、蓝莓、樱桃、盘锦大米、河蟹等 10 个重点特色产业发展。建立科技支撑、产品加工、市场流通、市场监管、金融服务五大体系，统筹政策、资金、项目等资源，支持特色产业全链条全环节发展。深入开展辽宁优质特色农产品品牌营销，打造市场竞争力强的"辽字号"农产品品牌。

■ 激发全链条发展活力

全力打造现代化大农业发展先行地，加快推进乡村全面振兴和农业强省建设，是辽宁三农工作努力的方向。

2024 年，辽宁出台设施农业发展新政策，新建改造第三代日光温室和新型钢骨架冷棚 10 万亩。支持 200 个大中型畜禽养殖场开展智能化设施升级改造，创建国家级和省级畜禽养殖标准化示范场 20 个。新建国家级海洋牧场 6 个，居全国第一。新建深水养殖网箱 100 个，累计达到 500 个。设施果蔬、肉类、海水产品产量同比增长均超过 5%，为经济增长提供有力支撑。

围绕加快建设食品工业大省，2024 年，辽宁重点推进粮油、畜禽、水产 3 个千亿级产业集群建设。支持企业精深加工技改扩能项目 67 个，新增省级以

沈阳秋实农业科技发展有限公司的智能化"植物工厂"

上龙头企业 100 家，其中国家级 9 家。持续推进农产品加工集聚区提档升级，全省农产品加工集聚区实现营业收入 1710 亿元，同比增长 7%，为二产、三产发展作出了积极贡献。

2025 年，辽宁明确要加快推进农业全产业链发展，扩大农产品加工业、食品工业规模。持续推动粮油、畜禽、水产千亿级产业集群发展。强化精准招商，发挥主导产业和头部企业优势，吸引产业链上下游项目落地。优化农产品加工扶持政策，支持农产品加工集聚区基础设施建设和完善配套功能。实施龙头企业培育工程，新增省级以上农业产业化龙头企业 50 家。

农业农村发展，既要有"里子"，也要有"面子"。2024 年，辽宁深化农村环境净化整治并开展农村环境标准化管理，取得明显成效：城乡环卫一体化覆盖率达到 57%、农村生活污水治理率达到 38.6%，新建 1056 个美丽宜居村，建设 43 条乡村振兴示范带和 100 个乡村旅游重点村。2025 年，辽宁将统筹推进宜居宜业和美乡村建设，推进农村道路、供水、污水处理等基础设施建设，提升农村托育、养老、医疗等基本公共服务能力；巩固提升农村环境净化整治成果，加快推进城乡环卫一体化建设，健全农村环境长效管护机制。

做强消费主引擎

商务工作联通内外、贯通城乡、对接产销，在内需和外需、进口和出口、对外投资和吸引外资等方面发挥重要枢纽作用。2024 年，辽宁商务战线全力实施全面振兴新突破三年行动，社会消费持续增长，招商引资较快增长，对外贸易企稳回升，商务高质量发展取得积极成效。

2025 年，全省商务战线将聚焦改革开放重点任务，实施提振消费、贸易促进、招商突破、会展提升、扩大开放五大专项行动，塑造决战决胜新优势。

2025 年 2 月 11 日，省政府新闻办召开 2024 年全省经济运行情况及 2025 年重点工作安排系列新闻发布会，省商务厅相关负责人介绍全省商务工作运行情况及 2025 年工作安排。

■ 做强消费"主引擎"

消费一头连着千行百业，一头连着千家万户，在经济发展中发挥着基础性作用。攻坚之年，辽宁多措并举促进消费，集聚发展动能，全省社会消费持续增长。2024 年，全省社会消费品零售总额实现 10778.3 亿元，同比增长 4%，高于全国平均水平 0.5 个百分点，连续两年高于全国平均水平。其中，限额以上单位零售额实现 4332.9 亿元，同比增长 4.1%，高于全国平均水平 1.4 个百分点。

组织一系列促消费活动和消费品以旧换新政策落地见效为消费稳增长提供了重要动力。2024 年，全省开展促消费活动超 5000 场，发放消费券及补贴超 4 亿元，带动消费增长超 150 亿元，辽宁消费品牌力、影响力持续提升。全省超 291 万人次参与消费品以旧换新活动，直接拉动消费超过 400 亿元。

2025 年，辽宁将实施提振消费专项行动。持续围绕汽车、家电、家装厨卫、电动自行车等领域加力扩围实施消费品以旧换新工作。全面打造辽宁特色促消费活动品牌，继续开展"乐购辽宁 惠享美好"主题系列促消费活动，计划全年举办各类促消费活动超 4000 场。积极推进首发经济，鼓励企业举办首发首秀活动。举办第二届中国（辽宁）网红经济合作交流活动周，打造全国范围内最具影响力的网红经济合作交流盛会。

■ 构筑引资"强磁场"

经济增长看项目，项目来源靠招商。2024 年，辽宁力求精准开展招商引资，加快促进形成新质生产力，招商引资实现较快增长。2024 年，全省招商引资到位资金同比增长 14.1%，超额完成全年目标。其中，实际到位内资增长 14.6%；实际使用外资 218.6 亿元，增速超过全国平均增速 22.9 个百分点。

招商引资数据向好，离不开全省上下在积极"走出去"、"请进来"、持续优化营商环境等方面的不懈努力。"走出去"步履不停，辽宁友好经贸代表团赴日本、韩国、瑞士、塞尔维亚、沙特、新加坡等地招商，推动香港太盟集团大连新达盟项目、华锦阿美精细化工及原料工程项目等一批重大外资项目成功落地进资；奔赴国内重要投资来源地，成功举办京津冀、长三角、川渝、珠三角地区"招商引资促进周"活动，签约额达 2023.4 亿元。"请进来"动作不断，辽宁成功邀请宝马集团董事长回访辽宁，宝马集团宣布对沈阳基地新增 200 亿

左上／ 人声鼎沸，人流如织，"燃"起来的中医药文化夜市为沈城夏夜增添别样的杏林清爽
左下／ 沈阳中德装备园德国风情小镇夜市吸引中外游客

WC
ECO
FO

中国·大

夏季达沃斯论坛互动空间

元投资。西门子、科斯米尔等一批全球知名企业和协会来辽，为进一步合作奠定基础。

2025年，辽宁将实施招商突破专项行动。紧盯招商平台载体，积极争取将中国辽宁国际投资贸易洽谈会纳入"投资中国"系列活动，持续开展招商引资促进周活动。发挥自贸试验区、经济开发区、国际产业园等平台的主阵地作用，打造招商引资项目集聚区。加强同外资企业在高端装备制造、石化和精细化工、新能源、生物医药等领域的投资合作，推进一批重大外资标志性项目落地。探索建立招商引资项目全过程跟踪机制，从项目包装、签约到项目落地、见效，全周期管理和一体化推进，提升项目落地率。

辽宁省委书记郝鹏率团出访莫斯科

■ 稳住外贸"基本盘"

外贸是连接国内国际两个市场、两种资源的主要纽带。近年来，辽宁坚持稳存量、拓增量，对外贸易企稳回升。2024年，全省货物进出口实现7630.5亿元，规模与上年基本持平。其中，出口持续回稳向好，同比增长6.8%。

2024年，辽宁坚持培育主体挖掘新增量，深入开展规模以上工业企业外贸"破零"行动，新增外贸市场主体超750家，其中新增规模以上工业企业237家。拓宽市场打开新空间，组织超2000家企业参加德国汉诺威工业博览会等200多个重点境内外展会，带动出口300多亿元。

2025 年，辽宁将实施贸易促进专项行动。加大稳外贸政策支持力度。充分利用境外展会平台支持企业争取更多海外优质资源，并邀请境外采购商来辽开展对接洽谈活动，精选东北亚地区优质展会，打造对俄蒙日韩贸易集散地；深度拓展中东、中亚、东南亚、非洲、拉美地区等新兴市场；继续做强做大第十六届辽宁省跨国采购洽谈会以及东北亚客商、中东客商来辽系列活动，力争在活动规模、国家范围、企业层次上有所突破，支持企业在"家门口"精准对接境外客商，拿下更多订单。

促消费、强招商、稳外贸，同改革相关，与开放相连。2024 年，辽宁商务领域全面深化改革开放，通过强化顶层设计、打造标志性展会活动、提升开放平台能级等举措，筑牢振兴发展优势。高标准举办第五届"辽洽会"、2024 大连夏季达沃斯论坛、第二届中俄地方投资发展与贸易合作大会、首届辽宁国际冰雪经济合作活动等一系列主场活动，进一步展形象、聚人气、稳预期。

2025 年，辽宁将继续实施扩大开放专项行动。积极推动辽宁向北开放，推动建立东北亚区域高层会晤机制。深化经济开发区体制机制改革，推动辽宁自贸试验区整合提升，推进综合保税区协同发展。

左上 / 第五届中国辽宁国际投资贸易洽谈会在沈阳开幕

左下 / "辽洽会"辽宁双智数字赋能中心展位前，海克斯康的 Go2 四足机器人与展会现场络绎不绝的参会者频频互动

推进文体旅融合

2024年，辽宁文旅打了一场漂亮的攻坚战。全省共接待游客65219.7万人次、同比增长28.1%，旅游收入6325.2亿元、同比增长25.9%，提前一年完成三年行动"旅游总收入倍增、游客接待人次增长2倍"目标。

在全省文旅市场主要经济指标保持快速增长基础上，2025年，辽宁将锚定打造高品质文体旅融合发展示范地目标定位，着力释放辽宁"文化产业有基础、体育有优势、旅游有特色"的效能，持续做好"文旅＋百业""百业＋文旅"大文章，在繁荣文化中打造新的经济增长点。

2025年2月12日，省政府新闻办召开2024年全省经济运行情况及2025年重点工作安排系列新闻发布会，省文化和旅游厅相关负责人出席发布会介绍

辽宁文旅经济运行情况及 2025 年工作安排。

■ 焕发文化事业新生机

作为文化大省，辽宁文化资源丰富，文化瑰宝众多。肩负新的文化使命，辽宁将聚焦以文化人，更好地聚人心、暖民心、强信心。

推出更多文化精品力作。2025 年，辽宁将努力提高文化原创力，从源头加强文艺作品创作生产规划，围绕纪念中国人民抗日战争暨世界反法西斯战争胜利 80 周年等重要时间节点，开展芭蕾舞剧《八女投江》、杂技剧《先声》巡演，举办第三届地方戏曲小戏展演等活动，让群众有更多机会感受文化艺术的魅力。

深入实施文化惠民工程。推动更多优质文化资源直达基层，实施全省公共图书"通借通还"服务体系建设工程，实现"居家点单"式免费借还图书；推进城市书房、历史文化街区等城乡公共文化新空间建设，为群众提供全新文化体验；持续开展"村晚"展演展示活动，开展"戏曲进乡村"、非物质文化遗产进校园进社区等文化惠民活动 1200 余场次，将文化艺术送到群众家门口。

加强文化遗产系统性保护传承。实施好"中华文明探源工程"和"考古中

雪后的沈阳故宫

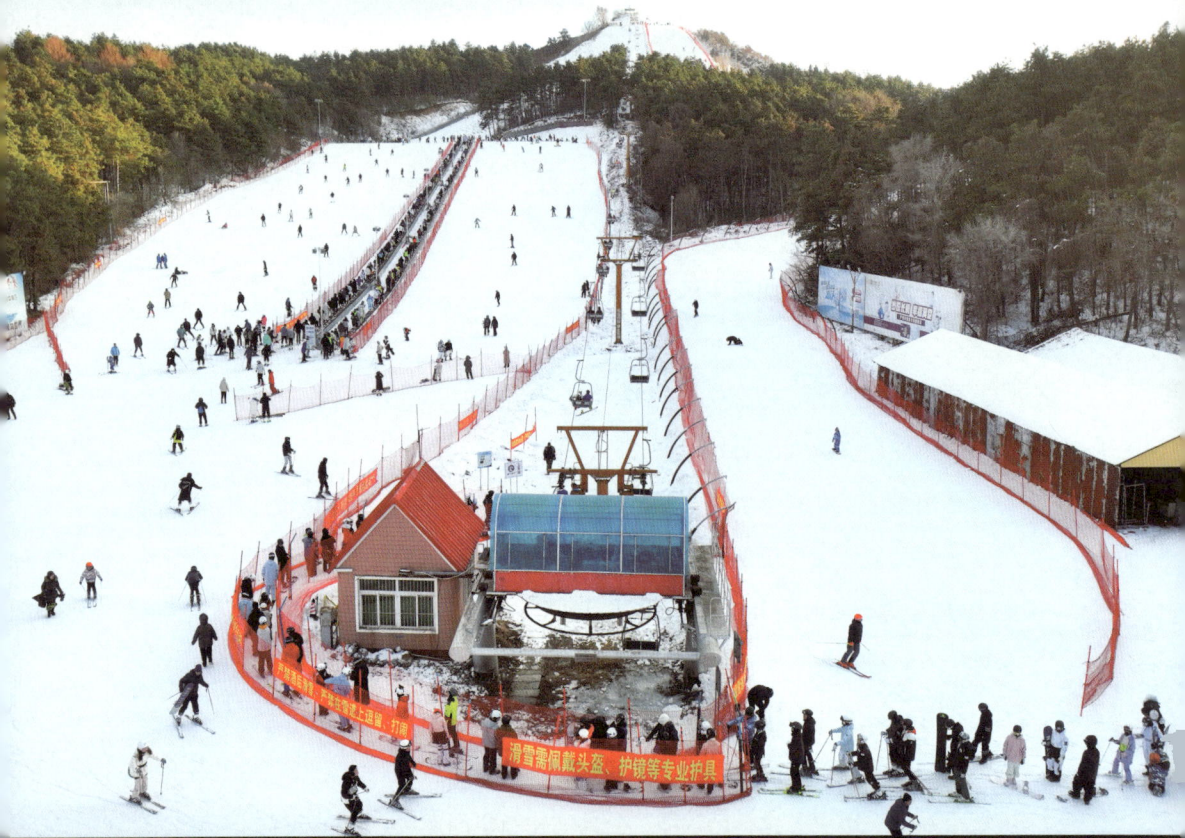

国"研究项目，加快推进牛河梁红山文化遗址联合申报世界文化遗产，建强红山文化研究院，建设红山文化实验室，深化对红山文化的历史研究和考古。做好文物保护利用工作，编制《辽西文化走廊规划》，打造长城精品旅游线路，推进东北抗联革命文物活化利用。

■ 加快推进文体旅融合发展

以文塑旅，以旅彰文。打造高品质文体旅融合发展示范地，需要文化、体育、旅游在更广范围、更深层次、更高水平融合发展。

2024 年，辽宁文旅产业不断展现新活力，全年新建、在建、续建文体旅、农文旅、文商旅等融合项目 640 个，完成投资总额 285.6 亿元。新增大连长山群岛国家级旅游度假区、本溪五女山国家 AAAAA 级旅游景区等国家级旅游品牌 20 余个，打造全国旅游精品线路 20 条。

以加快推进文体旅产业融合发展为目标，2025 年辽宁将持续打造新的文旅经济增长点。全年预计接待游客人次增长 8%、旅游收入增长约 10%。为此，辽宁将以资源整合、业态创新为抓手，加快发展文旅新质生产力，努力完善文旅产业体系，培育发展海洋经济、冰雪经济、沉浸体验、驻场演艺等文旅融合新业态。计划建设文体旅产业项目超 500 个，完成投资额约 300 亿元。提升国家级、省级文化产业示范园区（基地）发展水平，培育文体旅龙头企业。

提质升级文旅品牌。鼓励景区提升品质，培育世界级、国家级旅游品牌。充分挖掘资源优势，做强做优冰雪温泉特色旅游，持续推广房车露营特色旅游，

左上／ 沈阳白清寨滑雪场是我国仅有的几家可以承办国际大型滑雪比赛的场地之一
左下／ 葫芦岛兴城市老城区中心的宁远古城，始建于 1428 年，是我国保存最完整的四座明代古城之一

历经 5 年综合保护利用，如今的沈阳方城观念一新、格局一新、面貌一新。从一条街到井字框架，再到九宫格局，通过对胡同的提升改造，打通方城区域内的"毛细血管"，以胡同为"纽带"，串联起汗王宫、原点广场、沈阳故宫、东三省总督府、张学良旧居等 30 余处旅游景点，形成多条特色旅游动线

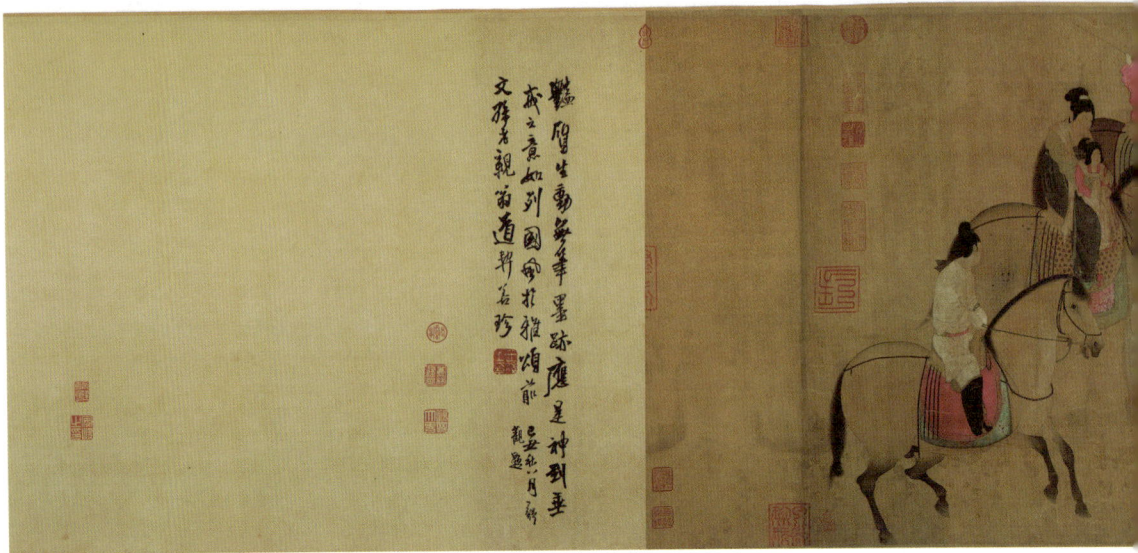

《摹张萱虢国夫人游春图》，原作为唐代画家张萱画作，已佚失，现存为宋代摹本。
现收藏于辽宁省博物馆，为国宝级文物

大力开发海洋海岛特色旅游，培育邮轮游艇、海岛民宿、环岛赛事等新品牌。

突出区域特色，发展全域旅游。推出以"春季赏花观鸟、夏季踏浪避暑、秋季赏枫自驾、冬季冰雪温泉"为主题的四季旅游经典线路，以沈阳、大连为牵引，串联各地市要素合理流动和高效集聚。

■ 激发文旅消费潜能

文化赋能、旅游带动，文旅业正成为更好满足人民群众多样化、多层次、多方面精神文化需求的发展支柱产业。

一年来，为培育文体旅消费，辽宁遴选桓仁满族自治县、喀喇沁左翼蒙古族自治县、兴城市为省文化旅游强县，培育阜新黄家沟旅游度假区等省级文体旅融合发展消费新场景10个。持续打出促消费政策"组合拳"，推出旅游大巴车辆全时段差异化收费、加油优惠、"百城百区"等支持文旅消费活动，落实

惠民惠企资金 28 亿元，联合抖音平台实现消费总额 12 亿元。

为进一步激活文旅市场消费潜力，辽宁将积极扩展消费空间。创新文体旅融合新空间，推动博物馆、美术馆、图书馆、剧院、非物质文化遗产展示场所等成为旅游目的地，推动马拉松、户外极限运动等群众体育活动进景区，培育主客共享的旅行新场景。打造城市旅游微景点，利用特色自然和人文景观，打造沉浸式实景演艺项目，为群众提供多元的文化体验。加强文化精品推广，开发文学、动漫、影视取景地等 IP 资源，打造具备视觉美感、文化内涵、互动体验的"网红打卡地"。

同时，持续推进"引客入辽"。选取京津冀、长三角、大湾区等重点地区举办四季文旅促消费活动，扩大产业招商合作。2024 年，辽宁入境旅游同比增长 49.55%，在此基础上将进一步拓展入境旅游市场，用好用足 240 小时过境免签政策，大力发展"民航包机""邮轮旅游"等入境游产品，提升入境旅游服务品质，将辽宁打造成为东北亚文旅开放新高地。

复盘攻坚之年，对打赢决胜之战，不无裨益。

回味 2024，这一年，挺难！

多重压力叠加、多重困难交织、多重挑战并行，

三个"多重"折射形势之复杂。但攻坚之战，我们打赢了！

顶压前行，克难奋进。

一季度开局良好，二季度承压运行，三季度恢复向好，四季度政策发力，

我们走过了一条向上的曲线：

经济运行总体平稳、稳中有进、进中提质，

主要经济指标跑赢全国水平，"六个新提升"标注高质量、体现可持续。

振兴之路，危机并存。

只要万众一心、团结奋斗，所有的困难都会变为进步的阶梯。

决胜之基

天高不厌风浪急

"攻坚"，一个寻常的词，于 2024 年的辽宁，却被赋予了不寻常的意义。

这一年，是全面振兴新突破三年行动的"中程"，能否巩固首战之果、打牢决胜之基，在此一举，极为关键。故为"攻坚"。

然而，这场仗，不好打、不好赢。

这一年，我们所处的这个世界，国际局势变乱交织，地缘冲突延宕升级，"脱钩断链"愈演愈烈，百年变局加速演进。

这一年，我国经济发展的外部压力加大、内部困难增多。2023 年的中央经济工作会议这样表述：主要是有效需求不足、部分行业产能过剩、社会预期偏弱、风险隐患仍然较多，国内大循环存在堵点，外部环境的复杂性、严峻性、不确定性上升。

这一年，辽宁多重压力叠加、多重困难交织、多重挑战并行。"经济恢复的基础还不牢固""营商环境仍须改善""民间投资意愿不强""区域发展不平衡""开放合作水平有待提升""基层'三保'困难较大"……年初省政府工作报告中列出的一大串"问题清单"，都是不好啃的"硬骨头"、不好解的"方程式"。

这一切，传导至微观，便成了一些企业或个人的"体感"，经营难有之、就业难有之，困惑者有之、焦虑者有之。

这一切，都是我们攻坚路上的"娄山关""腊子口"。

这场仗，怎么打？怎么赢？

在攻坚之年结束之后，再来看这份辽宁答卷，透过纷繁复杂的数据，可以从5个"量"的维度得出一些结论。

体量更大了。

5.1%！这是2024年辽宁地区生产总值的增速。至此，这一指标已连续8个季度赶超全国水平。

地区生产总值是三大需求之和。顺此拆开，固定资产投资增长5.3%，高于全国2.1个百分点，创10年来最好水平；社会消费品零售总额增长4%，高于全国0.5个百分点；外贸出口增长6.8%，出口值创2014年以来新高。

据此，我们可以得出这样的结论：攻坚之战连战连胜已成定局。

质量更优了。

4个！这是先进制造业集群"国家队"辽宁上榜的数量，居全国第六。"高峰"的背后，是辽宁的22个重点产业集群加速壮大，其营收在全省规模以上工业中的占比已达61%。在此拉动之下，全省高技术制造业增加值增长11.3%。

据此，我们可以得出这样的结论：经过多年咬紧牙关优化调整、"深蹲"蓄力，辽宁的产业结构正在悄然重塑。

"技"量更强了。

18.5%！这是2024年全省科技型中小企业数量的增速，绝对值逼近4万家。其中，"雏鹰""瞪羚""独角兽"企业已突破6000个。科技"好苗"出得快，缘于创新土壤培得厚。辽宁区域创新能力排名两年前移了5个位次，提升幅度居全国前列，研究与试验发展（R&D）经费投入强度创10年来新高。

据此，我们可以得出这样的结论：辽宁科技创新的集聚度、活跃度、贡献度正在快速提升。

航母舰载机。沈飞集团是中国第一代舰载机歼－15的核心研制单位

留量更多了。

14.1！这是 2024 年全省招商引资到位资金的增速。央企也是亮点，193 个央地合作重大项目的开工率、进度、投资额全国领先。

奔向辽宁的，还有人。5 月间举行的"博士沈阳行"颇具代表性。一场活动吸引了 517 所国内外高校的 6860 名博士，阵容之大，史上空前。

据此，我们可以得出这样的结论："投资到辽宁""孔雀向北飞"的潮流愈发明显。

声量更高了。

1600 余位！这是大连夏季达沃斯论坛参会的中外嘉宾数量，他们来自近 80 个国家和地区。

这一年，辽宁高朋满座、宾客云集。首次冠名"中国"的"辽洽会"规模效益、活动场次、嘉宾数量均创历史新高。一年来，辽宁口岸免签入境人数比 2024 年同期增长 10 倍。

据此，我们可以得出这样的结论：辽宁的"朋友圈"越来越大，"好故事"越传越远。

2024 年底，《辽宁日报》梳理了 2024 年辽宁在互联网火爆出圈的新闻事件，并提炼出十大热词："山海关不住""歼 -35A""建昌抗洪救灾""宠'且'""辽篮"……这些，刻印在时光的年轮之上，诉说着、见证着我们攻坚的艰辛与不易、拼搏与努力、奋进与荣光。

可以用"两个扭转"概括攻坚之年的辽宁：扭转了经济总量全国排名持续下滑的被动局面，扭转了经济增速长期低于全国水平的发展态势。

"两个扭转"，4200 万辽宁人期盼了多年、追求了多年。那么，转折的背后，经验是什么，规律在哪里，启示有哪些？

有人说，无论是一个国家、一个地区，还是一个企业，其发展的重要原因，无非是回答好了 4 个问题：坚持了什么？看清了什么？抓住了什么？做到了什么？辽宁亦如此。

知所从来，思所将往，方明所去。

辽宁坚持了什么？

我们坚持以习近平总书记关于东北、辽宁全面振兴的重要讲话和指示批示精神为总遵循、总纲领、总指针，坚定不移沿着总书记指引的道路勇毅前行。三年行动部署的 10 个方面新突破、50 项重点任务，每一条、每一款，无不是对总书记殷殷嘱托的学以致用、忠实践行。

"思想是会享用它的人的财产。"将思想之种深植于辽沈大地，让真理之光照亮前行之路，这是诱发辽宁之变的根本所在。

辽宁看清了什么？

我们看清了时空坐标交叉点上的那个"我"。我们站位全局、审视自身，着眼当下、立足长远，提出打造新时代"六地"目标定位，明确正处在十分宝贵的战略机遇期、政策叠加的红利释放期、发展动能的加快集聚期、产业升级的转型关键期、跨越赶超的发展窗口期。

胸怀"国之大者"、服务"国之所需"，在中国式现代化的大棋局中找准战略定位，这是诱发辽宁之变的要义所在。

辽宁抓住了什么？

我们抓住了主要矛盾和矛盾的主要方面。我们将优化营商环境作为深化改革的"一号工程"、实施三年行动的"先手棋"、打好新时代"辽沈战役"的"关键仗"，将建设 4 个万亿级产业基地、22 个重点产业集群作为做好产业结构调整"三篇大文章"的主攻方向，将县域经济、民营经济、海洋经济作为抓紧补齐的三大短板。

"叼着了线头，也就解开了线球"，这是诱发辽宁之变的关键所在。

丹东至大连的高铁穿越庄河稻田

辽宁做到了什么？

我们做到了苦干实干。我们一条心、一起拼，勤不言苦、行不畏难，守好各自的一段渠，耕好各自的责任田，打好各自的阵地战。"用接地气的创新为沈阳文旅'点把火'"的刘克斌，"洪水中用生命最后一丝力气托起第三个孩子"的李清学，"逐梦蓝天一甲子"的杨凤田……以他们为代表的千千万万辽宁人，如奔腾着的浪花，汇聚起振兴的澎湃。

"越干越会干、越干越能干、越干越想干"，这是诱发辽宁之变的动力所在。

这些，都是"实践已经证明并将继续证明"的正确的工作方法，也是接下来助我们不断应对新挑战的宝贵财富。

2024 年，在见诸媒体的诸多报道中，东软集团董事长刘积仁的一席话令人印象深刻："什么是好的时代？第一个，给机会；第二个，有困难。没有困难，根本就没有机会。"

《吴子》里的一句话引人思考："不和于战，不可以决胜。"它道出了战斗中和谐、统一的重要性。这也是"决胜"一词最早的出处。

两句话都在启迪我们：振兴之路，危机并存。只要万众一心、团结奋斗，所有的困难都会变为进步的阶梯。

登高何惧虎狼啸，弄潮不厌风浪急。

胜利不会向我们走来，我们必须自己走向胜利。

连战连胜成绩单

攻坚之年，辽宁战绩如何？社会各界十分关注。

2025 年 1 月 19 日，辽宁省政府新闻办召开的 2024 年全省经济运行情况新闻发布会给出了答案——

全年地区生产总值增长 5.1%，比全国高 0.1 个百分点，连续八个季度赶超全国；

全省粮食单产居全国第四位，在 13 个粮食主产省中排第二位；

电气机械和器材制造业，专用设备制造业，计算机、通信和其他电子设备制造业增加值增速分别比全国高 10.9、7.3、3.5 个百分点；

固定资产投资增长 5.3%，高于全国 2.1 个百分点，是近 10 年来最好水平；

文旅市场持续火热带动相关产业较快增长，全年餐饮收入，规模以上文化、体育和娱乐业营业收入增速均高于全国 1.1 个百分点；

……

主要经济指标跑赢全国，攻坚之战实现连战连胜！

辽宁省统计局相关负责人介绍，2024 年，全省上下坚持以习近平新时代中国特色社会主义思想为指导，全面贯彻落实党的二十大和二十届二中、三中全会精神，深入学习贯彻习近平总书记关于东北、辽宁全面振兴的重要讲话和指示批示精神，认真贯彻落实省委、省政府决策部署，顶住压力，攻坚克难，

生产需求持续改善，居民收入稳步增加，新质生产力加快成长，全省经济运行向好态势持续巩固。

根据地区生产总值统一核算结果，全年全省地区生产总值在 2023 年突破 3 万亿元大关的基础上，再上台阶，达 32612.7 亿元。分产业看，第一产业增加值 2565.7 亿元，增长 4.2%；第二产业增加值 11503.3 亿元，增长 5.3%；第三产业增加值 18543.7 亿元，增长 5.0%。

■ 经济运行质效不断提升

"2024 年，辽宁在首战告捷、实现'四个重大转变'基础上，经济运行总体平稳、稳中有进、进中提质，继续保持赶超全国态势，攻坚之战打出了气势，打出了信心，打出了成效。"发布会上，省统计局相关负责人说，总的来看，全省经济运行质效不断提升，向上向好态势不断巩固。

农业生产稳定增长，全年粮食再获丰收。全年全省粮食产量 500.1 亿斤。水果产量同比增长 4.2%，蔬菜、食用菌产量分别增长 3.6%、8.2%。猪牛羊禽肉产量增长 5.1%。水产品产量增长 4.8%，其中海水产品产量增长 5.5%。

工业生产平稳运行，高技术制造业增长较快。全年全省规模以上工业增加值同比增长 3.1%。其中，高技术制造业增加值增长 11.3%。分三大门类看，规模以上采矿业增加值同比增长 7.4%，制造业增长 2.5%，电力、热力、燃气及水生产和供应业增长 2.3%。分经济类型看，规模以上国有控股企业增加值

左上／ 2024 年 5 月 8 日，一辆磨砂灰色的创新纯电动 BMW i5 从总装线上缓缓驶下，宣告华晨宝马第 600 万辆整车正式下线。从 500 万辆到 600 万辆，华晨宝马仅用了 15 个月时间

左下／ 在沈阳三一重型装备有限公司生产车间的装配线上，工人忙着安装智能掘进机

同比增长 1.2%，私营企业增长 4.1%，股份制企业增长 3.9%。分行业看，在全省 40 个工业大类行业中，有 31 个行业增加值同比增长，增长面为 77.5%。其中，黑色金属矿采选业增加值增长 20.9%，电气机械和器材制造业增长 16.0%，铁路、船舶、航空航天和其他运输设备制造业增长 15.8%，计算机、通信和其他电子设备制造业增长 15.3%，医药制造业增长 12.6%，专用设备制造业增长 10.1%。分产品看，民用钢质船舶产量同比增长 60.0%，变压器产量增长 25.2%，家具产量增长 16.8%，煤油产量增长 14.5%，液化石油气产量增长 11.8%，城市轨道车辆产量增长 10.0%，原煤产量增长 7.3%，铁矿石原矿产量增长 7.1%，新能源汽车产量增长 2.2%。

服务业稳步增长，部分现代服务业行业增速较高。全年全省批发和零售业、住宿和餐饮业增加值同比分别增长 3.5%、6.0%。货运量 18.6 亿吨，增长 3.3%；客运量 6.7 亿人次，增长 8.7%。2024 年 1—11 月，规模以上多式联运和运输代理业、互联网和相关服务业、租赁和商务服务业、文化体育和娱乐业、软件和信息技术服务业营业收入分别增长 12.3%、8.1%、7.5%、5.8%、5.4%。

消费潜力不断释放，升级类商品增势较好。全年全省社会消费品零售总额 10778.3 亿元，同比增长 4.0%。按经营单位所在地分，城镇消费品零售额 9129.2 亿元，同比增长 3.9%；乡村消费品零售额 1649.1 亿元，增长 4.7%。按消费类型分，商品零售 9819.0 亿元，增长 3.8%；餐饮收入 959.3 亿元，增长 6.4%。

从限额以上单位商品零售类值看，大宗商品销售保持增长，石油及制品类零售额同比增长 6.1%；汽车类零售额增长 1.8%，其中新能源汽车零售额增长 47.3%。基本生活类商品销售持续增长，饮料类零售额增长 23.0%，粮油、食品类零售额增长 10.7%，烟酒类零售额增长 9.2%。消费升级类商品销售增势较好，通信器材类零售额增长 31.1%，电子出版物及音像制品类零售额增长 25.7%，体育、娱乐用品类零售额增长 21.7%，家用电器和音像器材类零售额增长 13.3%。

投资增速创 10 年来新高，中央项目投资支撑有力。全年全省固定资产投资同比增长 5.3%。其中，中央项目投资增长 27.8%。分领域看，基础设施投资同比增长 14.5%，制造业投资增长 14.4%，房地产开发投资下降 20.0%。分产业看，第一产业投资下降 3.5%，第二产业投资增长 13.4%，第三产业投资增长 0.1%。全年建设项目投资同比增长 12.8%，其中亿元以上建设项目投资增长 18.2%。

居民消费价格运行平稳，工业生产者价格下降。全年全省居民消费价格（CPI）同比上涨 0.2%。全年全省工业生产者出厂价格（PPI）同比下降 2.8%，工业生产者购进价格（IPI）下降 2.7%。

财政收支保持平稳，城乡居民收入差距缩小。全年全省一般公共预算收入 2905.8 亿元，同比增长 5.5%；一般公共预算支出 6853.2 亿元，增长 4.2%。全年全省居民人均可支配收入 39844 元，同比增长 4.9%。按常住地分，城镇居民人均可支配收入 47982 元，增长 4.5%；农村居民人均可支配收入 22744 元，增长 5.9%。城乡居民收入比值为 2.11，比上年缩小 0.03。

■ 三个"新"变化显示高质量发展的动力更强、成色更足

2024 年，面对复杂多变的内外部环境，省委、省政府深入贯彻党中央各项决策部署，全省上下以实施全面振兴新突破三年行动为总牵引，集中力量开展"八大攻坚"，千方百计扩内需、提信心、育新能，新质生产力加快培育，高质量发展成色十足。全年地区生产总值增速比全国高 0.1 个百分点，比前三季度加快 0.2 个百分点，赶超全国水平的发展态势进一步巩固。

发布会上，省统计局相关负责人结合相关数据，用三个"新"来概括全年

经济运行特点。

生产领域呈现新成效。全省粮食产量连续两年超 500 亿斤，是历史第三高产年，粮食单产居全国第四位，在 13 个粮食主产省中排第二位。全省重点打造十大优势农业特色产业，草莓、食用菌产量分别增长 4.8%、8.2%。装备制造业着力转型升级，增加值增长 4.5%，比规模以上工业增加值增速高 1.4 个百分点。在汽车、化工、钢铁等行业支撑作用减弱的情况下，电气机械和器材制造业，专用设备制造业，计算机、通信和其他电子设备制造业增加值增速都高于全国，分别比全国高 10.9、7.3、3.5 个百分点。文旅市场持续火热带动相关行业较好增长，全年餐饮收入，规模以上文化、体育和娱乐业营业收入增速均高于全国 1.1 个百分点。

需求领域出现新变化。固定资产投资增速高于全国 2.1 个百分点，比上年加快 1.3 百分点。其中，制造业投资增长 14.4%，工业技改投资增长 17.1%，占高技术制造业投资近三成的航空、航天器及设备制造业投资增长 1.3 倍。社会消费品零售总额在上年增长 8.8% 的情况下，又实现了 4.0% 的增长，比全国高 0.5 个百分点，连续 22 个月高于全国；随着供给不断充实优化，居民对更高品质消费的需求明显提升，部分升级类商品增势较好，线上通信器材类、体育娱乐用品类零售额分别增长 31.1%、21.7%。出口由上年下降 1.1% 转为增长 6.8%，其中对共建"一带一路"国家出口增长 9.4%。

动能转换实现新提升。科研投入加快提升，全省研究与试验发展经费增长 8.9%，投入强度创 10 年来新高。规模以上高技术制造业增加值各月累计增速

左上 / 一架尼泊尔航空空客 A320 飞机滑入中国南方航空沈阳维修基地机库机位，开始为期 10 天的整机维修。这是我国东北地区首次承接国际三方飞机整机定检维修业务

左下 / 大连市人工智能计算中心数据机房内景

始终保持两位数增长，全年增长 11.3%，比全国高 2.4 个百分点，特别是医药制造业、电子及通信设备制造业均保持两位数增长。工业新产品产量较快增长，服务器增长 1.0 倍，集成电路增长 12.3%，工业机器人增长 9.9%；水核风光清洁能源发电量增长 5.3%，占比较上年提高 3.9 个百分点。高技术服务业重点行业较快增长，电子商务、研发与设计服务、知识产权及相关法律服务营业收入分别增长 82.3%、17.0%、13.6%。新业态、新商业模式不断涌现，限额以上单位通过公共网络实现零售额增长 11.5%，连续两年保持 10% 以上的增长。同时，一些依托实体店铺的"新零售"实现较快增长，仓储会员店零售额增长 30.4%，集合店零售额增长 2.0 倍。

■ 巩固向上向好势头的三大"有力支撑"

两年来，在外部环境发生深刻变化、国内需求总体不足的情况下，辽宁经济发展取得如此成绩殊为不易。在分析辽宁保持经济发展良好态势的有利条件时，省统计局相关负责人表示，当前辽宁经济向好发展的积极因素累计增多，继续巩固向上向好发展势头主要来自三个方面的有力支撑。

政策举措及时有效，对提振经济形成有力支撑。省委、省政府坚持把稳实体经济作为重中之重，打好政策"组合拳"，深入落实党中央稳经济一揽子政策，辽宁相继出台 43 条、16 条具体举措，有效提振了社会信心、改善了公众预期、激发了发展动能，进入四季度，经济明显回升。大规模设备更新带动了专用设备制造业，铁路、船舶、航空航天和其他运输设备制造业实现较好增长，增速均高于全国。在一系列促进房地产市场止跌回稳政策带动下，四季度新建商品房销售面积、销售额由降转增，增长水平好于全国。在"两重"建设和大规模设备更新带动下，基础设施投资增长 14.5%，比全国高 10.1 个百分点；设备工器具购置投资增长 17.8%，比全国高 2.1 个百分点。消费品以旧换新政策不断激发市场活力，限额以上汽车、家电、家具零售额增速均高于全国，其中新能源汽车零售额增长 47.3%，高能效等级家电、智能家电零售额增速均超过40%，家具类零售额增长 16.8%。随着一揽子政策加力扩围，将进一步稳预期、激活力，推动经济持续回升向好。

央地合作持续深化，对未来发展形成有力支撑。近年来，辽宁将深化央地合作作为全面振兴的关键之举，2023 年以来，有 51 家央企集团在辽宁开设区域总部、分公司、子公司，数量达 192 个。两年来，中央项目投资增速均在30% 左右，2024 年增长 27.8%，对固定资产投资保持较好增长起到积极作用。受此带动，全省亿元以上建设项目个数为 4255 个，占建设项目个数的比重近三成，完成投资额增长 18.2%。当前投资的较好增长源源不断产生未来经济的增量。

经营主体活力增强，对发展韧性形成有力支撑。2024 年，辽宁成功举办了一系列具有国际、国内影响力的活动，充分展现辽宁振兴发展取得的积极成效，吸引了更多的企业在辽投资兴业。从"四上"单位看，全年新纳入"四上"单位 5540 个，比上年增加 1616 个。从经营主体看，规模以上工业私营企业、小微型企业增加值分别增长 4.1%、6.7%，比规模以上工业增加值增速分别高1.0、3.6 个百分点；民营企业出口增长 11.3%，比上年增长 15.4 个百分点。从发展预期看，近期各项政策陆续出台，释放了提振经济的强烈信号，有力增强了市场信心。省统计局调查数据显示，四季度全省企业预期景气指数为 113.0，比上年同期上升 0.7 个点；企业家预期信心指数为 113.9，比上年同期上升 0.2个点，预期景气和信心指数双双回升。

三次产业齐闯关

春节前夕，热闹的气息扑面而来。

葫芦岛市绥中县袁家屯村的蔬菜大棚里，村民袁殿学一早就摘下一筐筐翠绿的黄瓜，趁着新鲜劲儿送到几公里外的批发市场，几个小时的工夫，这些黄瓜就能出现在北京、天津等地的菜市场。

新年伊始，大连重工装备集团海上风电铸件市场拓展传来喜讯，中标某风电公司未来三年全部海上项目。该合同的成功签订标志着企业成为国内首家取得批量 20+ 兆瓦风电核心铸件订单的供应商。

抚顺玉龙溪冰雪大世界，鲜有的林间戏雪场景吸引着国内外游客前来打卡，尤其是今冬新增的 800 米林间雪道，让游客坐着雪圈在林海雪原中穿梭，直呼过瘾。

一幕幕"热辣滚烫"，映照着忙出好光景、增收"不打烊"。

4.2%、5.3%、5.0%。透视 2024 年辽宁第一、第二、第三产业增加值增速，可以得出这样的结论：农业、工业、服务业对经济运行的"压舱石""稳定器""顶梁柱"作用，更加稳固坚挺、强劲有力。

■ 稳住一产

冬日清晨，渤海之畔，营口港粮食码头一片繁忙，满载玉米的卡车正在排队等待装船。正值春节前粮食购销旺季，码头各岗位工作人员密切协作，确保每日 5 万吨到 10 万吨粮食货物及时完成装载。

营口港是东北地区最大的粮食集散中心，年中转能力约 1500 万吨。在其腹地的辽北"黄金玉米带"早已颗粒归仓，沉寂的黑土地即将再次迎来勃勃生机。

500.1 亿斤，这是辽宁 2024 年粮食稳产保供交出的丰收答卷，是历史第三高产年，粮食单产居全国第四位，在 13 个粮食主产省中排第二位。

作为全国粮食主产省之一，辽宁始终把粮食生产作为三农工作的头等大事：稳住播的面积，全省粮食播种面积达 5366 万亩，超过国家下达指标 63 万亩；深挖地的潜力，通过高标准农田建设、黑土地保护、保护性耕作、单产提升行动，实现"藏粮于地"；提升技的水平，发布适宜优良品种 85 个、主推先进适用技术 30 项等，赋能粮食生产；降低灾的损失，组织实施"一喷多促" 877.9 万亩，促进作物灾后恢复、灌浆成熟和产量提升。

"粮食是'国之大者'。维护国家粮食安全，是辽宁肩负的光荣使命，必须扛得稳、扛得牢。尤其在遭受局部洪涝灾害背景下，粮食稳产保供的成果更显分量。"省农业农村厅相关负责人说。

事实上，辽宁不只是粮仓丰盈，2024 年水果、蔬菜、食用菌、猪牛羊禽肉、水产品同比分别增长 4.2%、3.6%、8.2%、5.1%、4.8%，丰富了中国人的餐桌、世界的厨房。

重要农产品供给稳定。2024 年，全省新建和改造第三代日光温室和新型钢骨架冷棚 10 万亩，为全省蔬菜和水果产量持续增长筑牢了根基；畜牧业发展水平持续提升，能繁母猪存栏处于合理区间，支持 200 个大中型畜禽养殖场

庄河海上风电资源丰富，已建成东北最大海上风电集群，总装机容量 107.96 万千瓦。
图为华能庄河海上风电项目

开展智能化设施升级改造；新建设国家级海洋牧场 6 个，数量为全国第一，新建深水养殖网箱 100 个，累计达到 500 个，海洋渔业现代化水平提升。

特色产业势头强劲。特色农业产业正在成为辽宁农业新的经济增长点，2024 年重点发展 25 个优势特色产业，集中打造 41 个发展优势区，新建 203 个标准化生产基地和 2 个国家级产地骨干冷链物流基地。新增河蟹、绒山羊 2 个百亿级特色产业。

乡村发展活力持续增强。重点推进美丽宜居村、乡村振兴示范带、休闲旅游重点村建设，全省乡村面貌显著提升，就业增收能力持续增强，农民收入也实现稳定增长。

■ 守住二产

沈阳，铁西，开发大道，一座"老字号"企业正在向"新"狂奔。通用沈阳机床主攻中高端市场，依靠科技创新实现产品迭代升级。2024 年，沈阳机床新订单不断，重点领域营业收入同比增长近 50%，海外收入再创新高。

扛住市场下行等多重压力，凭借提升内功逆势上扬、守住阵地，沈阳机床仅是辽宁工业全力以赴稳增长、调结构的"切片"之一。

稳是基础。工业稳，辽宁经济大盘才能更加夯实。钢铁、汽车制造、石油化工是辽宁重要的支柱产业，主要营业收入占全省规模以上工业的半数以上，稳住钢、车、油是发挥辽宁工业"压舱石"作用的重点所在。

2024 年 12 月 4 日，辽宁友谊宾馆。伴随着热烈的掌声，省政府与鞍钢集团稳定发展工作备忘录正式签署，将加快推动服务鞍钢集团在辽企业稳定生产、优化布局和产品结构调整，标志着双方合作进入崭新阶段。

"守住存量，还要挖掘增量，通过延长链条提升企业附加值、拓展产业新

数字化柔性生产线由沈阳机床自主研发的高端机床及 AGV 无人搬运车、RGV 有轨制导车组成，自动化设备实现全流程 7×24 小时无人化生产，生产效率提高 50%

空间。"省工业和信息化厅相关负责人表示。

2024 年 12 月 30 日，盘锦市双台区中试基地迎来了盼望已久的新年礼物。盘锦三力中科新材料有限公司的乙烯三步法制取 MMA 生产线成功开车，全部投产后年产量可全国领先。

延链补链强链，2024 年全省规模以上工业增加值同比增长 3.1%，工业投资增长 12.7%，高于全国 0.6 个百分点。

辽宁工业再创辉煌，块头大是基础，还要有健硕的身姿、聪明的头脑，才能激发雄厚潜力。

2024 年 10 月 21 日，中国船舶大连造船联合中船贸易制造的全球最大 B

型 LNG 燃料舱 16000TEU 集装箱船"玛利亚克里斯蒂娜"轮正式交付。在国内首次实现了 B 型 LNG 燃料舱全流程自主研制。

向高迈进，一组数据成为辽宁工业结构不断优化的佐证。2024 年，全省高技术制造业增加值增长 11.3%，高于全国 2.4 个百分点。高端装备、精细化工、冶金新材料、现代优质特色消费品营收占各自行业比重同比分别提高 1.6、1.6、1.5 和 1.3 个百分点。

长出"高个子"的辽宁制造，还希望凭借智慧翅膀在市场中飞得更深、更远。

走进抚顺新钢铁有限责任公司炼钢厂，5.7 万平方米厂房内基本看不到工人。智检中心一楼，4 台机械手正在进行螺纹钢的拉伸、弯曲等物性检测。在工信部公布的智能制造示范工厂揭榜单位和优秀场景名单中，抚顺新钢铁有限责任公司 2 个项目上榜。

推动以智赋能，2024 年辽宁共新增省级 5G 工厂 25 个，省级数字化车间、智能工厂 212 家，省级工业互联网平台 17 家。全省规模以上工业关键工序数控化率和数字化研发设计工具普及率分别达到 64.8% 和 82.2%，均高于全国平均水平。

■ 发力三产

"早上逛大集，下午滑雪，晚上泡温泉，这一天的行程太丰富了！"在沈阳玩了一天，来自山西的李女士深感充实而快乐。

李女士的快乐之旅，源于一条旅游线路的精心安排。她这次来辽宁，就是沿着"欢乐冰雪 冬韵辽宁"线路在各城市走了一趟。这条线路是 12 条全国冰雪旅游精品线路之一，从大连出发，途经丹东、抚顺，终至沈阳，在"冰雪"主元素的基础上，包含购物、美食、赛事、演出、民俗等多种元素，为广大游

左上／ 沈鼓集团为中石油广东石化设计制造的 120 万吨乙烯三机

左下／ 辽宁抚顺新钢铁有限责任公司智能制造中心

111

2024 年 5 月 27 日，中国船舶大连造船为招商轮船建造的 17.5 万立方米 LNG 运输船下水

沈阳国际泵道公园，被吉尼斯世界纪录认证为世界最大的泵道公园

客提供一个全方位感受辽宁冬季魅力的绝佳体验。

眼下，全省各地丰富多彩的文旅场景、形式多样的喜庆活动、仔细周到的暖心服务，让天南海北的游客在热腾腾的烟火气、喜洋洋的年味里，团圆贺新春、欢喜过大年。数据证明了全省文旅市场的"热辣滚烫"、"山海有情、天辽地宁"的出圈出彩。2024 年，全省接待游客人次增长 28.1%，旅游收入增长 25.9%。

一"融"俱荣。文旅产业关联度强，带动作用大，已成为涉及餐饮、娱乐、住宿、购物、交通、商贸等领域的综合性经济形态，对于做强做优服务业有积极推动作用。攻坚之年，文旅产业的蓬勃发展折射出服务业发展的充沛活力。

2024 年，全省服务业稳步增长，部分现代服务业行业增速较高。全年全省批发和零售业、住宿和餐饮业增加值同比分别增长 3.5%、6.0%。货运量 18.6 亿吨，同比增长 3.3%；客运量 6.7 亿人次，同比增长 8.7%。

一系列新举措正在释放服务业增长潜能，网红经济是个典型。

众多辽宁企业在通过互联网"接二连三"。2024 年，辽宁充分发挥网红经济资源优势，搭建交流对接平台，汇聚全国网红优势资源，以流量效应带动服务业发展，借势提升企业、产品、地区知名度和美誉度，更多观众正在为辽宁"点个关注"，更多辽宁产品正在成为直播间"爆款"。

有力有效的主动作为下，全省服务业正在扩容升级，积蓄力量。2024 年前 11 个月，全省规模以上多式联运和运输代理业、互联网和相关服务、租赁和商务服务业、文化体育和娱乐业、软件和信息技术服务业营业收入分别增长 12.3%、8.1%、7.5%、5.8%、5.4%。

新的一年，全省上下当继续集中精力稳增长，狠抓发展质效，坚持三产齐抓，持续巩固经济发展向上向好态势，为"十四五"收好官、"十五五"开好局。

向"新"而行　以"质"致远

　　这个深冬，冰雪之下的辽沈大地涌动着一股向"新"的热流。

　　在沈鼓集团数字平台上，我国首台 LNG 船用低温离心压缩机指标一切正常。这个填补了国内空白的"大家伙"，成为沈鼓完成从生产商向服务商华丽转身的又一见证。

　　在盘锦光学电子供应链产业园内，中蓝电子的"头部效应"正在发挥作用，23 家产业上下游供应商签约进驻，围绕细分赛道的光电小气候逐渐升温。

　　在三生制药的生产车间内，10 升精心挑选的种子细胞可表达出 1000 升的收获液，最终生成 10 万支用于治疗贫血的益比奥产品。这座占地 70 亩的工厂年产值可达 55 亿元，成为东北制造"高亩产"的试验田之一。

　　2024 年，辽宁立足资源禀赋、产业基础，因地制宜发展新质生产力，传统产业转型升级不断加快，新兴产业和未来产业培育齐头并进。2024 年，全省高技术制造业增加值增长 11.3%，高于全国 2.4 个百分点。新增国家级制造

右上／　中蓝电子已被多个手机品牌确定为核心供应商，拥有专利近 1600 项。其中马达业务板块排名国内第一、全球第二；镜头业务板块排名国内第三、全球第四。图为中蓝电子忙碌的生产线

右下／　北方药谷德生（沈阳）生物科技有限责任公司生物药国际 CDMO 园区的工作人员正在加紧创新药的开发，加速技术突破，以科技力量护航全民生命健康

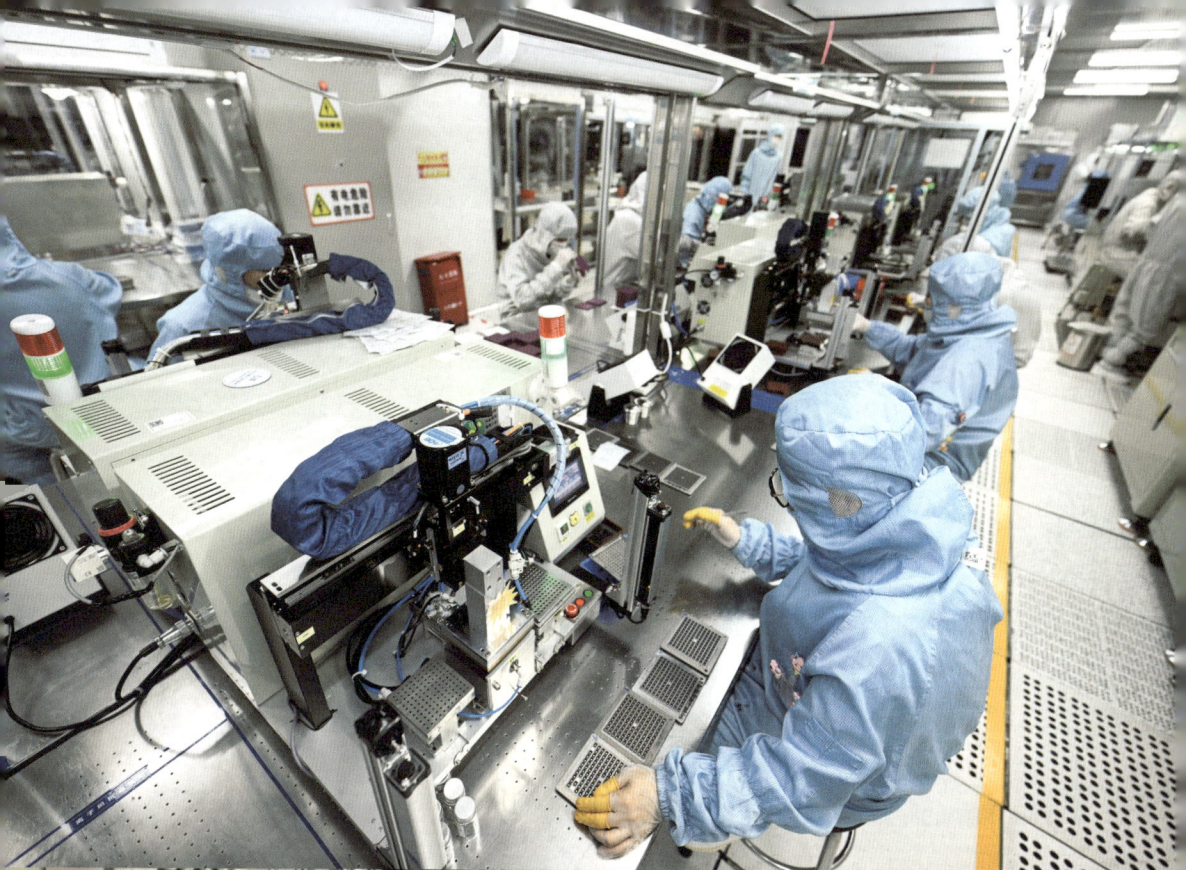

中航沈飞民用飞机有限责任公司是落实中国航空工业集团民用飞机主责主业的核心骨干企业之一。公司与国内外多家航空制造企业建立稳定的合作伙伴关系，主要产品包括国产大飞机、空客系列飞机、波音系列飞机等现役和在研民用飞机机体结构部件。图为空客 A220 飞机机身装配生产线

业单项冠军 8 个，国家重点"小巨人"企业 29 家。大盘绿色石化集群、沈大工业母机集群、沈阳航空集群同步上榜 2024 年先进制造业集群竞赛胜出名单，数量全国第一。具有辽宁特色优势的现代化产业体系正在加速构建。

■ 借"基"而进

走进沈阳华盾大数据研究院，一块满是客户运行数据的大屏映入眼帘。从企业名称不难看出，这里是一家数字化解决方案服务商。之所以选择落户辽宁，正是被这里丰富的应用场景深深吸引。"辽宁工业基础雄厚、产业门类齐全，具有丰富的产业数据化资源、海量的数据产业化资源，将为我们带来巨大的发展空间。"沈阳华盾大数据研究院院长丁武指着屏幕说。

辽宁，我国重要的工业基地，曾为新中国建设独立完整工业体系作出卓越贡献。目前，国民经济行业的 41 个工业大类辽宁有 40 个，207 个工业中类辽宁有 197 个，666 个工业小类辽宁有 519 个，工业体系完备性全国领先。

辽宁之基，亦是辽宁之机。深耕产业优势铸长板，辽宁传统产业向着高端化、智能化、绿色化大步迈进。

眼下，尼日利亚阿布贾城铁已投入商业运营，由大连机车为其量身定制的分散动力内燃动车如疾风般飞驰。此外，"1000kW 内燃发动机＋动力电池"机车、我国首台"干—调"一体化重载电力机车等机车领域的"首个""之最"接连在该企业问世。

攻克核心技术，凭借自身的"硬实力"开拓市场，辽宁传统产业正不断"焕新"。

20 吨重的镀锌自动卷材，无人天车搬运起来快准稳；会扫码的 AGV 搬运机器人驮着涂料上下电梯……在鞍钢冷轧厂涂镀分厂彩涂工区 3 万多平方米的

空间里，几乎看不到人影。

抓住设备更新的有利契机，大批辽宁企业深度耕"云"种"数"结"网"。2024年，全省实施高端装备更新等7项行动，建立设备更新、贷款贴息等4类项目清单。支持项目160个，带动更新设备1万台。全省工业技改投资增长17.1%，高于全国7.9个百分点。全省规模以上工业关键工序数控化率和数字化研发设计工具普及率分别达到64.8%和82.2%，均高于全国平均水平。

石化产业曾是高能耗"重灾区"，但大连长兴岛的恒力产业园已经彻底颠覆这一印象。生产用水在养鱼，竖起的烟囱越来越少，偌大的园区内没有一丝异味。"我们从建厂之初就聘请了专家团队，几次调整设计，打造环保园区。

鞍钢冷轧厂涂镀分厂无人车间

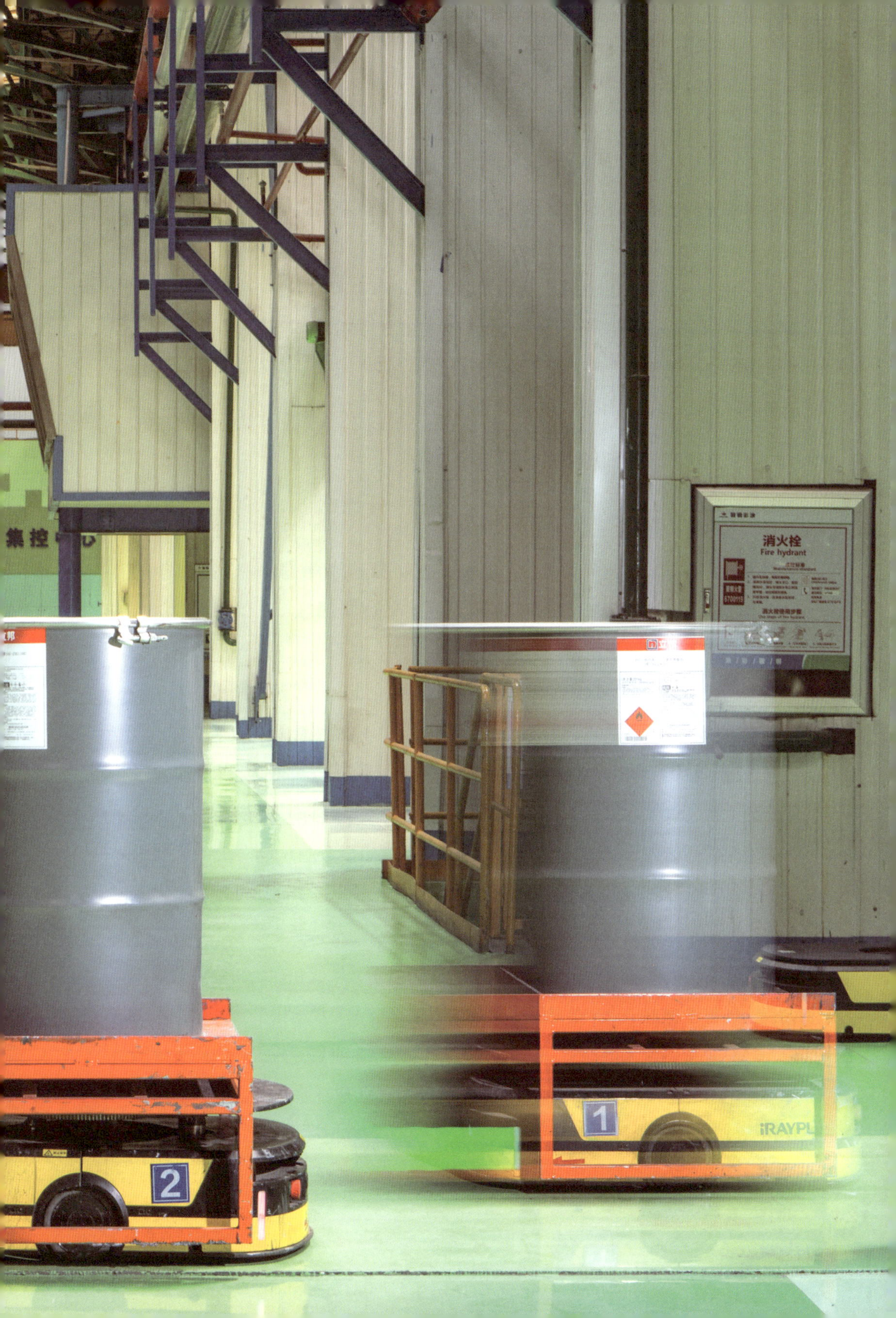
集控
消火栓
Fire hydrant
1
2

烟气排放也达到天然气标准，做到了全球最优。"恒力集团董事长、总裁陈建华言语中充满自豪。2024 年，大连长兴岛获评工业和信息化部无废园区典型案例。

2024 年，辽宁出台《辽宁省工业领域碳达峰实施方案》，33 家企业上榜2024 年度国家级绿色工厂名单，新增 152 家省级绿色制造单位。50 家企业入选工业和信息化部符合《废钢铁加工行业准入条件》企业，居全国第七位。截至 2024 年底，全省组织绿电交易 127.83 亿千瓦时，居全国第二位。

■ 聚"新"成势

2025 年辽宁省政府工作报告，发布了这样一组可喜数据——全省 22 个重点产业集群中，战略性新兴产业营业收入占比首次超过 1/3。

新兴产业技术含量高，附加值高，资源集约，成长潜力大。当下，培育壮大新兴产业已是普遍共识。辽宁在新材料、精细化工、高端装备制造、工业基础软件等领域有着深厚的产业基础和技术积淀，发展新兴产业实力雄厚。

产业向"新"离不开企业创新。近年来，辽宁促进各类创新要素向企业聚集，建立由省领导牵头、省直部门推进、各市为落实主体的工作机制，推进新兴产业集群融合发展。2024 年，全省新增科技型中小企业 6206 家，高新技术企业 1625 家，"雏鹰""瞪羚"企业 940 家。它们，为辽宁高质量发展提供着源源不断的动力。

近年来，储能领域吸引着众多头部企业的目光，谁能在这个新赛道上抢占先机，便等于把握了未来的脉搏，大连融科储能技术发展有限公司就抓住了机会。凭借"全钒液流电池"，融科储能一举冲在行业前列，并成功中标三峡能源新疆吉木萨尔 200MW/1000MWh 储能项目，这也是目前开工建设的全球最

大连融科储能作为我国全钒液流电池领域先行者，始终走在
我国乃至世界液流电池技术研发和产业应用的前沿

大规模的全钒液流电池储能项目。2024年，该企业已成长为一只"独角兽"。

公司总经理王晓丽表示，自主创新是企业成功的关键，目前公司拥有技术专利300余项，在产业端形成了从原材料到储能装备的全产业链开发制造能力。

走进营口金辰机械股份有限公司生产车间，映入眼帘的是用于光伏设备生产的先进设备。从制作门窗边框设备到跻身光伏产业，金辰股份如何华丽转变？答案之一便是创新。时刻洞察市场变化，瞄准具有潜力的新领域、新行业发力，金辰股份项目经理刘双成表示，当下，公司正加快提升光伏电池生产线成套装备的整线交钥匙能力，并积极布局制氢装备自动化生产线等新能源领域。

企业的生动实践，是辽宁产业向"新"的真实写照。数据显示，2024年，

飞轮真空干燥室5#

飞轮真空干燥室4#

全省研发投入增速 6 年来首次超过全国水平，投入强度创 10 年来新高，技术合同成交额增长 17.8%。

为进一步推动产业聚"新"成势，辽宁持续强化企业创新主体地位，支持企业牵头组建实质性产学研联盟，组织开展"科技专员进企业"专项活动，围绕 22 个重点产业集群，组建 20 个重点实验室群，为企业提供合作交流、成果转化的平台，促进产业链、创新链、人才链、资金链深度融合，为产业发展提供更加精准的服务。

■ 布局未来

2024 年 5 月，在辽宁省企业产品和技术创新成果展上，机器人小柒以靓丽外形和流畅语言成为展区"红人"。

小柒由辽宁新次元智能科技发展有限公司自主研发，是国内唯一智能交互仿生人形机器人。

具备智能交互就是未来机器人的样子吗？

在新松人工智能研究院，已接入 AI 大模型的训练机器人能执行更为复杂的任务，甚至对行动细节进行实时修正，真正实现"人"的高效协同。

新松机器人自动化股份有限公司总裁张进说，公司正谋划继续丰富"机器人 +AI"的应用实践，将人工智能与各种品类的机器人深度结合，在更多行业和细分应用场景中培育未来成长空间。

作为引领未来的战略性技术，人工智能在辽宁早有深度布局和前瞻落子。而过去的未来产业，即为当下的新兴产业。

沈阳微控飞轮技术股份有限公司通过技术积累和不断迭代，掌握了全球领先的高速磁悬浮储能飞轮完整技术体系，开辟出电磁储能新赛道；东软睿驰汽

左上／ 新松 C4 车间是我国首个工业 4.0 生产示范实践厂区，用机器人生产机器人

左下／ 沈阳微控飞轮技术股份有限公司装配车间

127

车技术（沈阳）有限公司凭借自主技术和前瞻布局，成长为国内自动驾驶、基础软件、操作系统等领域的头部企业，申请国内外专利技术近 1700 项。

"人工智能发展已远超预期，唯有提前布局，方能迎来机遇。"东软睿驰副总裁刘威博士感叹道。

前瞻性布局未来产业。2024 年，辽宁印发《关于科技引领未来产业创新发展的实施意见》，提出未来 5 年，未来产业实现技术创新、产业培育、安全治理全面发展，基础研究和关键核心技术取得重大突破，涌现一批标志性产品、创新企业和领军人才，未来产业新增长点逐步显现。

近年来，辽宁着力打造高能级创新平台，以科技创新引领新质生产力发展。2024 年，全省新增全国重点实验室 10 家；"大连先进光源""超大型深部工程灾害物理模拟设施""海洋工程环境实验与模拟设施"3 个重大科技基础设施项目启动预研；4 家辽宁实验室围绕新材料、智能制造、高端装备制造、洁净能源与精细化工等优势领域，深入开展颠覆性技术、前沿技术和关键核心技术攻关及应用，支撑构建具有辽宁特色优势的现代化产业体系。

向"新"而行，以"质"致远。今天的辽宁，正坚定不移转方式、调结构，奋力开辟新领域、新赛道，塑造新动能、新优势。

"第一动力"正澎湃

2024 年，辽宁研发投入增速 6 年来首次超过全国水平，投入强度创 10 年来新高；全省新增全国重点实验室 10 家；新增科技型中小企业 6206 家，高新技术企业 1625 家，"雏鹰""瞪羚"企业 940 家，融科储能、东软睿驰新晋为"独角兽"企业。

不断增长的科技投入和科技企业的茁壮成长，见证了辽宁以科技创新推动产业创新的"大作为"。

全面振兴新突破三年行动开展以来，全省上下深入贯彻落实习近平总书记关于东北、辽宁全面振兴的重要讲话和指示批示精神，始终把科技创新摆在全面振兴的关键位置、作为动能转换的首要力量，以创建具有全国影响力的区域科技创新中心为总抓手，着力打造重大技术创新策源地。通过不断深化科技体制机制改革、坚定打造高能级创新平台、推动科技创新和产业创新深度融合等有力举措，实现了科技成果转化的提质增效、科技型企业的茁壮成长、创新主体和人才活力的进一步释放，为科技强省建设打下了坚实基础。

辽宁，积厚成势，"新"意更深。

2024 年 10 月 15 日，大连成为媒体"聚焦点"。

当天，大连英歌石科学城正式开城。这个面向未来的高能级科创平台，集聚了 200 多个高水平科研团队 1000 多名科研人才，全国重点实验室和辽宁实

作为大连市区域科技创新中心的核心区，英歌石科学城自 2024 年 10 月开城以来，在科技创新、产业集聚、人才引进等方面取得了显著成效

验室集结成群，20多家企业在这里注册，30多个新兴产业项目加快推进。

此前，沈阳浑南科技城和沈抚科创园也于同年相继开园。辽宁"两城一园"集聚效应开始显现。

在英歌石，辽宁黄海实验室有了"新家"——一栋2万多平方米的独栋红楼。

"我们已搬来各类设备60余台套。"辽宁黄海实验室相关负责人表示，实验室已组织设立两批共17个自主科研项目。

原创性代表着科技创新的硬实力，这份"硬气"源于深厚的创新基础与底蕴。作为科教大省，辽宁科教资源丰厚，但一定程度上还存在创新资源分散、统筹机制不健全等问题。

为此，辽宁不断加强创新资源统筹和力量组织，推动创新要素一体化配置，形成支持全面创新的制度体系，汇聚起培育新质生产力的强大合力。

2022年9月，辽宁以全新体制机制组建了材料、辽河、滨海、黄海4家辽宁实验室，赋予实验室选人用人、科研管理、经费使用、成果转化等方面自主权，探索重大创新平台建设的新路径、新模式。两年来，辽宁实验室快速成长，目前已集聚科研人员698人，实施自主科研项目72项，转化科研成果181项。

推进辽宁实验室高水平建设运行的同时，辽宁主动对接国家实验室体系。辽宁材料实验室与苏州实验室签署战略合作协议，在人员互派、联合攻关、成果共享等方面开展全方位合作。与航发集团依托606所共同筹建的太行实验室辽宁基地，已承担2项太行实验室任务，组建75人的科研管理团队。

此外，辽宁还先行投入启动科技基础设施预研。累计投入超11亿元启动3个大装置预研，"大连先进光源"主体工程全部完工，进入安装调试阶段；"超大型深部工程灾害物理模拟设施"单体建筑主体结构封顶并进入装修设计阶段，已申请26项发明专利、3项国际专利；"海洋工程环境实验与模拟设施"

世界首支、全球最大 24000TEU 甲醇双燃料动力集装箱船用曲轴 12G95ME-C10.5 成功下线

完成大型设备采购工作。

重大平台和重大科技基础设施成为推动重大科技创新的"利器"，在打造国家战略科技力量、服务国家高水平科技自立自强上，展现着辽宁作为和辽宁担当。

近年来，辽宁积极承接国家重大科技任务，在战略高技术领域不断取得新突破。15 个科研项目荣获国家科技奖，新型隐身战机歼 -35A 惊艳亮相，1000 千瓦级内电混合动力机车成功研制，全球最大甲醇双燃料动力集装箱船用曲轴下线。

辽宁，创新基础更厚，创新之树更茂。

以前，我国耐磨农机具长期依赖进口。

瞄准技术差距，中国科学院金属研究所科研人员成功研制出耐磨高强高韧合金钢，令系列产品使用寿命提高 2 倍多，达到国际先进水平。

2023 年，金属所与菲迅（沈阳）农机科技有限公司达成转化协议，共同致力于农用机械入土耐磨件研发与生产制造。"目前，我们与企业共同建设了一条智能化生产线，年产高端耐磨圆盘切刀 20 万片。"金属所所长刘岗表示，所里已有众多科研成果在辽落地，孵化了一批新材料高科技企业。

企业不仅是创新主体，也是科技成果转化主体。

为建立以企业为主体的科技成果转化体系，促进科技产业"双螺旋"发展，辽宁以建设科技成果转化示范基地、推动重点实验室群与产业集群"双群互动"等方式，畅链条、清堵点、补断点，促进科技成果转化提速增效。

发力供给端。已筛选发布高质量、高成熟度可转化科技成果 4016 项。

搭建中试桥。布局中试基地、中试平台、验证中心 53 个，发布中试公共服务事项 140 余项。辽宁盘锦精细化工中试基地完成 8 项技术成果中试熟化和产业化。其中，"甲基丙烯酸甲酯"项目完成千吨级中试，项目总投资 21 亿元，建成后将极大缓解我国 MMA 化工原材料市场供需矛盾，年预计营收 14 亿元。

过去几年，为了让更多科研成果走进车间、走向市场，辽宁不断提升中试基地及中介机构公共服务能力，构建覆盖全省的科技成果转化服务体系。仅 2024 年就开展小规模、高频次、精准化对接活动 360 余次，推进成果落地转化 3100 余项。同时，围绕 22 个重点产业集群，组建 20 个重点实验室群，集聚各类平台 962 家、科技服务和金融服务等机构 93 家，与 693 家重点企业开展对接合作。

"我们将促进重点实验室群与产业集群高效互动，组织各具特色、务实高效的对接活动，畅通成果转化渠道。"辽宁省科技厅主要负责人表示，将充分发挥市场机制作用，促进产业链、创新链、人才链、资金链深度融合。

中国科学院沈阳科学仪器股份有限公司的生产线上，工人加紧赶制订单产品，冲刺首季开门红

　　为引导创新要素向企业集聚，辽宁选派超千名科技特派员"一对一"服务企业。强化科技金融赋能，引导金融资本投早、投小、投长期、投硬科技。

　　产学研融通创新，加速了科技成果产业化。2024年，全省技术合同成交额增长17.8%，一大批新技术、新成果从样品变成产品，再变成商品，成为构建具有辽宁特色现代化产业体系的有力支撑。

　　登"高"而上，向"新"而行。决胜时刻，辽宁继续深化改革、建强平台、加速转化，加快实现动力变革、动能转换，让"关键变量"成为全面振兴的"最大增量"！

"三驾马车"加速跑

5.3%！这是 2024 年辽宁固定资产投资的增速，高于全国 2.1 个百分点，创 10 年来最好成绩。

4%！这是 2024 年辽宁社会消费品零售总额的增速，继 2023 年突破万亿元大关之后"再上层楼"，连续两年跑赢全国。

6.8%！这是 2024 年辽宁出口的增速，特别是进入下半年后逐月上扬，总值创 2014 年以来新高。

数字说明，在辽宁，拉动经济增长的"三驾马车"越发稳健有力，正在加速前行。

这是一份来之不易的成绩单。攻坚之年，辽宁面对多重压力和挑战，内外兼修，挖潜释能，千方百计扩大有效需求，呈现出投资热气腾腾、消费暖意浓浓、出口活力满满的良好态势。

■ 投资动力足

新岁伊始，辽宁重大项目建设油门不松、热度不减。

2025 年 1 月 18 日，本桓高速公路三架岭 2 号隧道施工现场，30 千瓦功率的电力热风炮开足马力，热风不断从隧道深处扑面而来。

凌绥高速公路全线最长大桥——利州特大桥完成双线合龙

　　此前几天气温回升，"藏"在大山深处的三架岭隧道迎来了难得的抢工窗口期。"我们通过加装电力热风炮、挂盖门帘等方式，保证隧道施工不中断。"本桓高速公路二工区负责人陈亚平介绍，目前本桓高速公路已实现25座隧道贯通。截至2024年底，本桓高速公路路基工程形象进度已达87.8%，桥涵工程形象进度达88.8%，隧道工程形象进度达93.8%。

　　今天的投资，就是明天的竞争力。2024年，辽宁固定资产投资不仅"量"在增长，"质"也在提升。投资结构不断优化，制造业投资增长14.4%，占比达25.2%，同比提高2个百分点。基础设施投资增长14.5%，占比达35.3%，同比提高2.8个百分点。"两重""两新"政策效果凸显，电力、热力、燃气及水的生产和供应业投资增长15.8%，工业技改投资增长17.1%，设备工器购置增长17.8%，高技术服务业投资增长22.5%。

项目，是投资的载体、转型的依托、发展的支撑。

做好"谋"的文章。2024年，辽宁围绕提升维护国家"五大安全"能力，坚持国家所需与辽宁所能相结合，坚持锻长补短相结合，聚焦15项重大工程重点领域，全力抓好项目谋划储备，全省计划实施项目超1.7万个。

提高"服"的效能。辽宁实行省领导联系联络重大项目机制，健全服务重大项目"快速通道"和"绿色通道"，全力推动重大工程项目顺利实施。2024年，全省建设项目数量超1.4万个，完成投资同比增长12.8%。其中，亿元以上、10亿元以上建设项目投资分别增长18.2%、34.9%。300个重大工程省级重点项目的规模和质量持续提升，完成投资占全省总量的22%。此外，辽宁还研究提出2024年191个重大央地合作项目清单，采取"一项目一方案"的管理模式，推动项目加速落实落地。2024年，辽宁央地合作省级重点项目年度计划投资完成率104.9%。

聚焦"两重"建设，辽宁统筹抓好"硬投资"和"软建设"，建立全省推进"两重"建设工作机制，多次召开"两重"项目谋划专题会议，传达国家相关政策精神。全力争取超长期特别国债，确保辽宁"两重"建设各项任务落实落地。

持续激发民间投资活力。规范实施政府和社会资本合作（PPP）新机制，积极推动基础设施不动产投资信托基金（REITs）常态化发行。目前，沈阳国际软件园REITs项目已通过国家审核并交由上海证券交易所进行上市前审核，有望成为东北地区首单REITs。2024年，辽宁累计向民间资本推介项目203个，总投资超2500亿元；吸引民间资本参与项目35个，总投资超400亿元。

■ **消费活力增**

这个冬天，一波带有异国风情的消费热潮涌向辽宁，消费者可以近距离品鉴俄罗斯美食、感受俄罗斯文化，从众多源头生产商手中采购俄罗斯优质商品。

蜂蜜牛奶巧克力、较为稀有的欧白芷蜂蜜、地道口味的格瓦斯……当前，正值第二届俄罗斯食品文化周（俄罗斯制造）活动在沈阳举办，来自俄罗斯120 余家厂商的 1000 余种商品集中亮相。"为了中国市场，我们正在推出新口味的巧克力，适应中国消费品健康化的趋势。"尤心贸易（上海）有限公司销售总监安德烈操着一口流利的汉语，推介起自家产品。

春节将至，全省各地紧跟消费热点，加码"以旧换新"让利消费者，创新消费场景吸引消费者，推动"政策 + 活动"双轮驱动，当前全省消费市场人气足、活力旺，反映出辽宁消费市场蕴藏的无限潜力。

消费一头连着宏观经济大盘，一头连着千家万户的幸福生活。攻坚之年，辽宁上下全力以赴扩内需、促消费、落政策、挖潜能，稳定和扩大传统消费，培育壮大新型消费，打造更丰富消费场景，形成多重增长动力，一辆辆"购物车"正奋力拉动全省消费市场加快复苏向好。2024 年，全省社会消费品零售总额实现 10778.3 亿元，同比增长 4%，增速高于全国平均水平 0.5 个百分点，增速连续两年高于全国平均水平。

从消费趋势看，辽宁消费升级类商品增势较好。从限额以上单位商品零售类值看，通信器材类零售额增长 31.1%，体育、娱乐用品类零售额增长 21.7%。一个个向上跃动的数字，传递出辽宁消费市场提质升级的明确信号。

"以旧换新"为消费稳增长提供了重要动力。2024 年，辽宁扎实推进以旧换新政策落地落实，制定全领域实施细则，建立工作机制，迅速组织实施，不断激发市场活力。全省超 120 万人次参与消费品以旧换新活动，直接拉动消

第二届俄罗斯食品文化周（俄罗斯制造）在沈阳开幕，来自俄罗斯百余家厂商的千余种商品集中亮相

费超过 310 亿元，限额以上汽车、家电、家具零售额增速均高于全国，其中新能源汽车零售额增长 47.3%，高能效等级家电、智能家电零售额增速均超过 40%，家具类零售额增长 16.8%。当前，随着一揽子政策加力扩围，将进一步助力辽宁稳预期、激活力，推动经济持续回升向好。

一系列促销活动也在激发消费热情。2024 年，辽宁精心组织策划商旅文体健融合的促消费系列活动超 5000 场，发放消费券及补贴超 4 亿元，带动消费增长超 150 亿元。成功举办首届俄罗斯食品文化节，首展首发俄罗斯商品百余种。

顺应消费新趋势，把握市场新动向，在多领域推出政策、兴办活动、创新场景，辽宁正协力拉动整个消费链条"旺起来"，让消费这辆"马车"加速奔跑。

■ 外贸韧性强

冬日的大连港集装箱码头，船只接连靠泊作业，机器轰鸣声此起彼伏，集装箱错落有致，共同描绘出港口的繁忙图景。

数千米岸线上，船舶次第排开，近 20 条作业线开足马力投入作业。码头后方的智能操作中心里，智能桥吊、无人集卡操作员在屏幕前全神贯注地操控着智能设备安全稳定运转。一天中，数万个集装箱在这里流转，到港车船快进快出，各类货物高效集疏。作为大连东北亚国际航运中心建设的核心载体和东北地区重要的集装箱枢纽港，大连港承担了东北地区 96% 以上的外贸集装箱转运任务，近百条外贸航线覆盖日韩、东南亚、欧洲等全球主要贸易区。

漫漫海上航线，辽宁港口"千帆竞发"、车船如织的景象映射出全省外贸企稳回升的发展态势。2024 年，全省外贸进出口总额实现 7630.5 亿元，规模与上年基本持平。其中，出口达 3776.7 亿元。

一些可喜的趋势性变化也正在辽宁外贸领域发生。从外贸动能看，辽宁外贸新业态蓬勃发展，数据显示，2024 年辽宁省跨境电商进出口达 59.9 亿元，增长 23.4%；高水平开放平台带动作用明显，中国（辽宁）自贸试验区进出口 1303.1 亿元，增长 17.1%，增速较全国高 6.8 个百分点。

外贸是拉动经济增长的重要引擎，是畅通国内国际双循环的关键枢纽。攻坚之年，辽宁紧紧围绕"稳现有、抢应有、拓会有"，加力培育外贸市场主体和新动能，坚决稳住外贸基本盘，全省外贸回稳向好的态势持续巩固，支撑外贸发展的积极因素不断累积。

拓市场。辽宁全力实施"百团千企拓市场"行动，支持和引导企业利用重点展会平台开拓境内外市场，扩大外贸进出口规模。组织超 2000 家企业参加德国汉诺威工业博览会等 200 多个重点境内外展会，带动出口 300 多亿元。在

2025 年 3 月 4 日，中欧班列（沈阳）集结中心迎来两周年，累计往返开行中欧班列 1662 列，成为东北地区深度融入"一带一路"建设、服务国际国内双循环、打造东北亚开放新前沿的一张亮丽名片

辽港集团大连港大窑湾集装箱码头

莫斯科、乌兰巴托、大阪成功举办辽宁出口商品自办展，境外自办展由 1 个增加到 3 个。成功举办第十五届辽宁省跨国采购洽谈会等系列外国采购商辽宁行活动，邀请 200 余家境外优质采购商和重点商协会来辽与超千家辽宁企业精准对接洽谈。

挖增量。辽宁持续实施外贸双量增长计划，深入开展规模以上工业企业外贸"破零"行动，开展各类外贸政策培训超 40 场次，全省新增外贸市场主体超 750 家。

育动能。辽宁不断创新业态，推动东北地区首单跨境船舶融资租赁和飞机保税融资租赁项目成功落地。推动东北首个进口铜精矿保税混矿试点落地。全省二手车出口额增长 7.1%，出口数量增长 20.9%。

需求端的深刻变化，展现了辽宁经济的动力之变、活力之变。"三驾马车"协同发力，将继续牵引振兴列车沿着高质量发展的轨道风雨兼程、行稳致远。

民生答卷暖民心

2025 年 1 月 22 日，农历腊月二十三，小年。

在葫芦岛市建昌县杨树湾子乡赵家屯村灾后重建的新房里，大大的"福"字贴上了窗。

在沈阳市沈河区滨河街道多福社区的居民活动室里，一张张红纸上也写下了"福"字。

大街小巷，万家灯火，老百姓红红火火的日子里装满了"福"。

"幸福"二字，深深嵌入了辽宁保障和改善民生这项重大工程的每一寸"肌理"里，书写在着力增进民生福祉的每一份"答卷"中。

实施全面振兴新突破三年行动以来，全省上下深入贯彻落实习近平总书记关于保障和改善民生的重要论述，坚持以人民为中心的发展思想，把让老百姓过上好日子作为一切工作的出发点和落脚点，专门出台《关于在辽宁全面振兴新突破三年行动中进一步保障和改善民生的实施意见》，努力办好民生实事、增进民生福祉，让人民群众更有获得感、幸福感、安全感。

2024 年，全省一般公共预算支出用于民生比重达到 76.7%，政府带头过紧日子，让群众过上好日子，辽宁"民生答卷"越发厚重、更加暖心。

中国沈阳人才市场主办的 2025 年首场春季大型招聘会——
"高质量充分就业，助力职场新起航"春季大型招聘会现场

■ 兜牢民生底线

"各位同学，我们请来了沈鼓集团高校招聘负责人林薇，给大家传授一下求职技巧。"短视频刚一上线，点击量就节节攀升。

虽然高校已放寒假，但辽宁省大学生就业创业中心的"就来辽"HR 视频微课却热度不减，平台粉丝已经突破 80 万人。"就来辽"是辽宁向全国学子宣传就业政策、吸引人才来辽的新媒体平台，与线下招聘活动、公共就业服务相互补充，实现了"全年招聘不打烊，就业服务不断线"。2024 年，辽宁切实抓好大学毕业生等重点群体就业，全省城镇新增就业 48.6 万人，创历年最高。

促进高质量充分就业，健全社会保障体系……各项民生政策干货满满。

农民能以灵活就业人员身份参加企业职工养老保险之后，在外务工的铁岭市农民工杨宇立刻办好了企业职工养老保险。截至目前，全市已经有 20.4 万人以灵活就业人员身份参加了企业职工养老保险。

民生"礼包"远不止于此，辽宁加快完善多层次多支柱养老保险体系，基本医疗保险、工伤保险实现省级统筹，健全失业保险省级统筹制度，社保待遇水平稳步提高，异地住院费用医保直接结算率达到 70% 以上，社会保障网托住群众稳稳的幸福。

■ 解决"急难愁盼"

打出溜滑儿、抽冰尜儿、滑冰车……正值寒假，沈阳市浑南区第九小学校园里却热闹非凡。前不久，浑南九小的寒假托管服务在网上开启报名，吸引了校内外共 3000 多名报名者。学校精心设计了攀岩、室内滑雪、象棋、书法、阅读等丰富多彩的文体活动，让学生们"花式"过寒假。

办好人民满意的教育，辽宁锚定普惠、公益、优质、均衡的发展方向，实施基础教育扩优提质行动，越来越多的人实现了"在家门口上好学"的愿望。目前，全省普惠性幼儿园覆盖率 90%，义务教育集团化办学覆盖率 98.2%，全域通过县域义务教育基本均衡发展国家督导评估认定，优质特色高中在校生占比 73.4%，基础教育资源布局更趋优化。在实施三年行动中谋划和推进教育强省建设，辽宁教育事业取得了突破性进展，初步建成了具有辽宁特色优势的高质量教育体系，教育现代化走在了全国前列。

实施三年行动，办好民生实事，群众可及可感。

"太感谢了！多亏了你们，我爸才捡回一条命！"患者家属激动地向医生表达谢意。2025 年 1 月 12 日，78 岁的任文林突感心口疼痛，被送到阜新市彰武县大四家子镇卫生院，医生及时为其做了检查后，立即将结果上传到彰武县县域医共体胸痛中心网络会诊群。初步诊断为急性心肌梗死后，镇卫生院随即将患者转诊至彰武县人民医院接受手术治疗，整个过程衔接紧密，任文林得到了及时救治。因此，也就有了患者家属连连道谢的一幕。

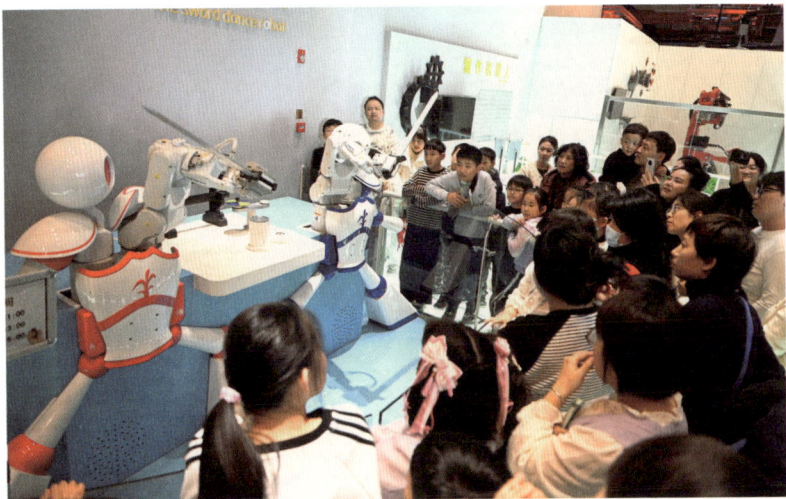

寒假期间，众多来自省内各市的中小学生在家长陪同下走进辽宁省科技馆参观，馆内各展厅纷纷爆满，孩子们在应接不暇的科学海洋中遨游，体验科普新知，尽享假日乐趣。图为舞剑机器人为孩子们表演，展示科技的魅力

　　让百姓在"家门口"能看得上病、治得好病，辽宁大力推进紧密型县域医共体建设，以县级医院为龙头、乡镇卫生院为枢纽、村卫生室为基础，构建三级联动的县域医疗卫生服务体系，在县级层面上解决要素资源配置，提升基层医疗卫生服务能力。目前，全省14个市46个县区全面推开紧密型县域医共体建设。同时，加快国家肿瘤、儿童区域医疗中心建设，分区域遴选确定了8个省级综合类区域医疗中心，"十四五"以来累计建设517个国家、省、市、县四级临床重点专科，优质高效整合型医疗卫生服务体系基本形成。

　　面对群众的急难愁盼，全省各地各部门紧锣密鼓，出实招、办实事、求实效。为16个乡村振兴重点帮扶县义务教育阶段学生提供营养膳食，完善覆盖全学段学生资助体系；实施特困人员供养服务设施改造提升和特困老年人家庭适老化改造工程，全面落实高龄津贴、经济困难高龄失能老人服务（护理）补贴政策；多渠道增加托育服务供给，实现"新生儿出生一件事一次办"出生医学证明网上申办……

　　一桩桩一件件，"民生之盼"变成"民生之赞"。

■ 绘就温暖底色

每天一大早，辽阳市幸福爸妈养老服务发展中心的护理员就会如约来到一位瘫痪在床的老人家中，叩背、拍痰、翻身……一套动作行云流水，老人立马感觉舒服多了。

聚焦"一老一小"，守护"朝""夕"美好。

如今，看护、照料、送餐、洗澡、理发、家政、购物、精神慰藉……越来越多的服务项目走进老人家庭，让更多老年人特别是失能、半失能老人足不出户就能享受到各种养老服务。2024年，适老化改造也走进全省1.5万户特殊困难老年人家庭，配置失能护理床、防褥疮坐垫，生活空间加装扶手，配备沐浴椅、浴室防滑地垫、马桶助力架……"小改造"撬动"大幸福"。

乐享、优享，还需近享，"15分钟养老服务圈"让幸福触手可及。全省老年助餐服务机构达到776家，医养结合型、护理型、旅居式、候鸟式，越来越多养老服务业态满足养老的不同需求，养老变为"享老"。

幸福在家门口升级。步入沈阳市皇姑区三台子街道牡丹社区的梧桐书房，木质空间、绿植围绕，三五小学生聚在一起学习。谁能想到，这个书房的原址是废弃锅炉房。

这样的变身在全省社区屡见不鲜。辽宁持续推动老旧小区改造，开展完整社区试点建设，提升城市宜居水平，一个个"老破小"变身"幸福院"。社区、社会组织、社会工作者、社区志愿者、社会公益慈善资源联动发展，老百姓"人在家中坐，幸福来敲门"。

民生无小事，枝叶总关情。把民生保障好，让振兴发展成果更多更公平惠及全省人民，随着辽宁各项事业的不断进步，一个个"民生愿景"正在一步步变成"幸福实景"。

漫天皆白，雪里行军情更迫。头上高山，风卷红旗过大关。

看势头——攻坚画面历历在目。

城市能级奋跃而上，发展态势向上向好，"大国重器"频频上新，重大项目聚企成链，

重点产业集群成势，营商环境日臻优化，八方英才纷纷会聚，区域发展争先竞进……

展未来——决战决胜铿锵有力。

以推进产业发展与转型、城市发展与转型、社会发展与转型为主要任务，

以实施全面振兴新突破三年行动、实现十个方面新突破为总牵引，坚定信心、全力冲锋。

决战决胜的号角已经吹响，冲锋冲刺的豪情在辽沈大地涌动，

处处迸发出敢闯敢干、锐意进取的朝气，

涌动着奋勇争先、唯旗是夺的战意。

第四篇

——

JUE SHENG

决战现场

——

JUEZHAN XIANCHANG

沈阳：
蓄势提升城市发展能级

五城区挺进全国"双百强"，沈阳金融商贸开发区晋升国家级，沈阳经济技术开发区进位升级，获评国际化营商环境建设标杆城市、蝉联最具幸福感城市，沈阳加压奋进、攻坚克难，全面振兴迈出新步伐。

隆冬冷冽，万物静藏。沈阳经济技术开发区汉京半导体产业基地项目建设现场却"热度不减"。

"冬季能正常施工，靠的就是将建筑外墙围挡起来的蓝色保温膜。"在 3 号厂房内，辽宁汉京半导体材料有限公司行政副总经理赵阳边查看设备安装进度边介绍，土建工程进度比原计划提前了 50 多天，投产时间预计能提前 2 个月，2025 年 8 月安装调试设备，10 月就能投产达效。

辽宁汉京半导体材料有限公司是一家集半导体用陶瓷制品研发、生产及销售为一体的企业，是国内首家碳化硅耗材生产商。公司自主研发的半导体设备用碳化硅制品在技术上实现了国产化突破，填补了国内行业空白。

冬蓄力，春迸发。

项目建设"满弓紧弦"，施工掀起"冬季攻势"。在沈阳，不只有汉京半导体产业基地项目，亿纬锂能储能与动力电池项目一期工程——圆柱电池项目封顶，进入围护结构、装饰装修阶段，建成后将填补沈阳新能源动力电池产业的空白；作为第十五届全国冬季运动会重点比赛场馆，沈阳王家湾冰上运动中心

沈阳浑河北岸高楼鳞次栉比，尽显城市繁荣发展景象

5836 根桩基施工全部完成……沈阳各重点项目建设无冬闲，奏响了一首项目建设的"迎春曲"。

开工！2024 年四季度，华晨宝马地热能、沈鼓核主泵、米其林产能转换、沈阳方城印象东华里文产项目、金风科技新民风电产业制造基地等项目相继开工建设。

上新！通用技术（沈阳）机床装备服务有限责任公司揭牌，沈鼓研制的国内首台八级整体齿轮式压缩机组下线，新松机器人批量进驻海外新能源市场。

项目是经济发展的"生命线"，也是打好打赢三年行动决胜之年决胜之战

位于沈阳的宝马新大东工厂车身车间，机械手臂正在进行车身制造

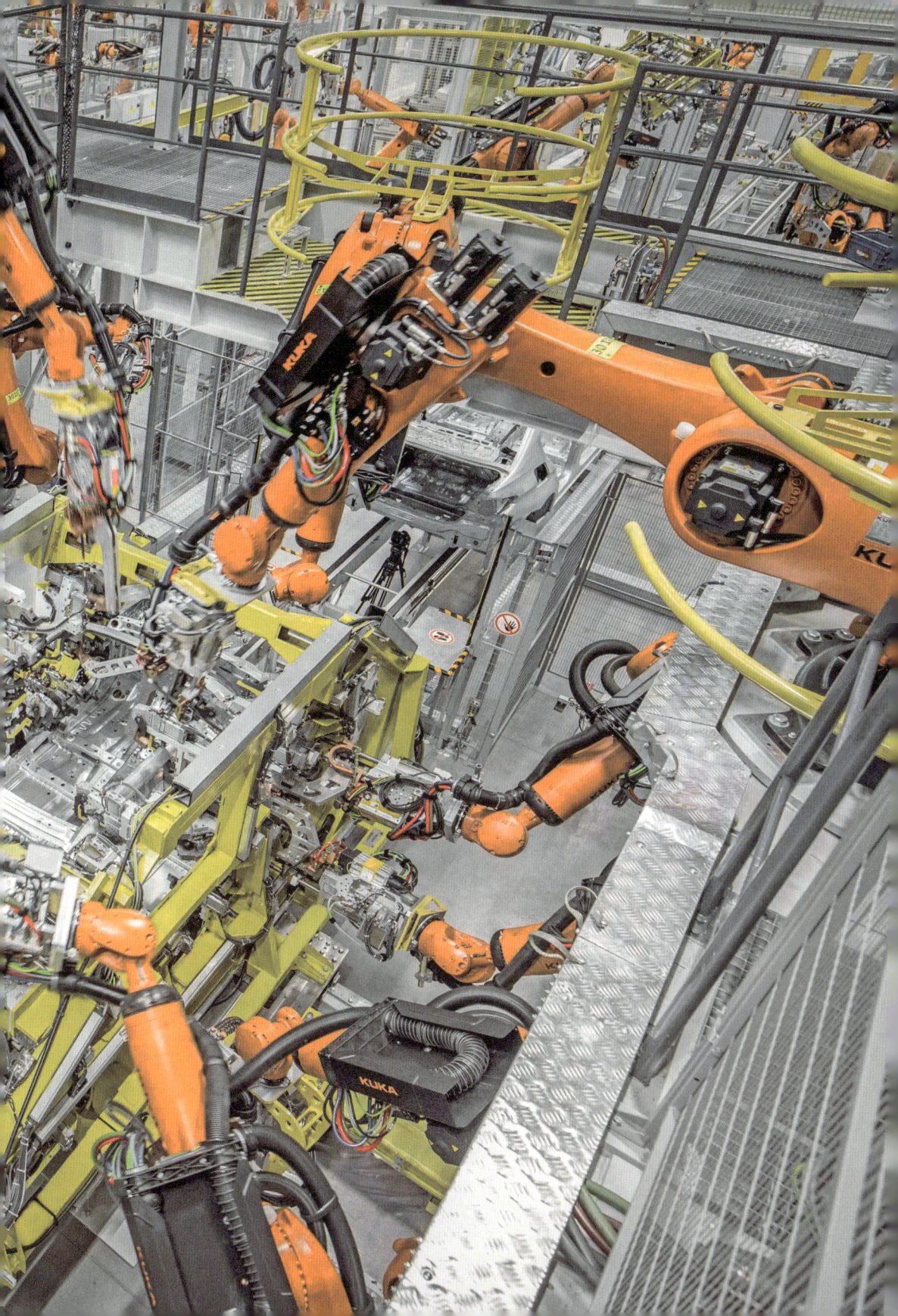

沈阳首条"空中地铁"3号线一期西段开通运营

的"主战场"。2025年，沈阳将深入实施"四个一批"专项行动，全年谋划项目总投资 5.5 万亿元以上，推动沈阳桃仙国际机场二跑道等项目尽早开工、"十五冬"场馆等项目加速建设、汉京半导体等项目竣工投产。全年开复工重点项目 3000 个以上，新落地项目 1100 个以上。

抓好在建项目，亦能提升发展能级。围绕建设东北亚开放合作新高地、国际化现代综合枢纽、国家先进制造中心、国际性科技创新中心、国际化现代服务业中心和区域性文化创意中心，打造"一高地、一枢纽、四中心"，加快建设东北亚国际化中心城市，不断提升城市核心竞争力和发展能级。

"科研繁花"绽放，"新质硕果"满枝。

新年伊始，东软医疗再次交出一份惊艳的成绩单：全球总装机量突破 5 万台。在 AI 技术的加持下，东软医疗的产品性能得到最大限度的挖掘和释放。

2024 年 12 月 3 日，第 101 台新松港口移动机器人暨全球首台空集装箱堆码机器人在新加坡港交付。

2024 年 11 月 15 日，沈鼓集团总装车间里，沈鼓研制的国内首台八级整体齿轮式压缩机组顺利下线。

2024 年 12 月 16 日，2024 沈阳新能源大会召开，搭建东北地区具有影响力的新能源领域合作交流与经贸洽谈重要平台，17 个新能源领域投资合作项目签约。

通过研制微型半导体温控器件，帮助半导体芯片快速"退烧"降温，解决电子产品电池发热过量、运行速度越来越慢的难题。辽宁冷芯半导体科技有限公司研发的微型半导体温控器件填补了我国高端温控芯片的空白，破解了关键性问题。

辽宁材料实验室二期主体工程封顶，郭可信材料表征中心开放共享，格莱特国际研究中心揭牌运行……2024 年浑南科技城惊艳亮相，布局新质生产力项目达到 70% 以上。

向高而攀、向新而行、向绿而进，沈阳积蓄发展新动能。

节假日里，沈阳中街商圈人潮如织，活力满满

大连：
蓄势聚能再扬帆

　　制造业"首发""首制"频出，战略性新兴产业冲劲十足，科技创新策源地核心区域盛大开城，达沃斯论坛汇聚全球目光，扩大投资促进消费"双引擎"拉动成效显著，文体旅商活动精彩纷呈，上榜"十大美好宜居城市"……2024年，大连市攻坚之战交出了亮眼的成绩单。

　　乘势而上，功在不舍。

　　2025年，大连市当好"跳高队"，主动挑大梁，坚决贯彻落实全方位扩大内需，以科技创新引领新质生产力发展、建设现代化产业体系，扩大高水平对外开放，加大保障和改善民生力度等工作部署，坚定不移完成全年目标任务，力争经济总量迈入万亿城市行列。

　　寒风凛冽，生产火热。

　　在最近研制、生产出世界首支、全球最大2.4万标箱甲醇双燃料动力集装箱船用曲轴的大连重工装备集团下属大连华锐船用曲轴有限公司车间，立式数控车床全部满负荷运转，工人满弓紧弦冲刺2025年"开门红"。

　　以实体经济为根基，以新技术激发新动能，2024年，大连市产业发展加速迈向高端化、智能化、绿色化。

　　2024年11月30日22时48分，长征十二号运载火箭在我国首个商业航天发射场发射成功。这支火箭应用了大连英歌石科学城辽宁黄海实验室的最新

上／ 大连东港商务区是集商务、金融、总部办公、娱乐、文化、体育、旅游、休闲、居住于一体的综合商务区

下／ 2024年9月28日，大连市首座全海景纯室内滨海商场——大连杉杉奥特莱斯项目开业运营

恒力重工自主研发设计的第一艘 30.6 万吨超大型油轮顺利完成出坞下水作业

科研成果——国内首个考虑流固耦合效应的运载火箭动力学相似缩比实验模型。

2024 年 12 月 5 日，能源催化转化全国重点实验室研制的高比能宽温域锂离子电池成功适配新型工业级复合翼无人机，在长海县空域顺利完成试飞，展示了中国科学院大连化学物理研究所在无人机动力电源领域的重要技术突破。

2025 年 1 月 4 日，辽宁滨海实验室中试示范基地在大连普湾经济区揭牌，为全省化工新材料研发提供高效、专业的中试平台，加速新产品、新技术市场化进程。

冬日的辽港集团大连港集装箱码头车船如织，年集装箱吞吐量日前突破

500 万标准箱，创近 5 年新高。目光转至辽港集团大连汽车码头，同样是一派繁忙景象，随着一汽"大连—波斯湾"班轮航线开通填补中东区域班轮航线空白，内畅外联的国际物流通道愈加完善。

对外开放是大连的城市底色、鲜明特色。2025 年，大连市将进一步发挥自身优势，在更大范围、更宽领域、更深层次全面提升开放能级，高水平开放门户枢纽建设实现新突破。

一条"鱼"正在激活大连的海洋动能，有望成为大连市海水养殖的支柱产业，为海洋经济带来新的增长点。

在大连三文渔业集团杏树屯养殖基地，2 万多尾不同规格的枫叶鲑、银鲑、太平洋鲑和大西洋鲑在水池中遨游觅食，最大成鱼接近 7.5 千克。这个三文鱼养殖基地养殖水体已超过 3000 立方米，突破了三文鱼从淡水到海水中养殖的技术"瓶颈"，海水养殖三文鱼获得成功。2025 年，该企业预计实现三文鱼养殖 10 万尾，产值 5000 万元。

向海图强，大连市已系统规划深远海养殖发展空间布局和产业格局，海洋渔业向深海集约高端转型，深远海智能养殖渔旅平台加快推进，国家级海洋牧场示范区总数达 32 个，居全国首位。海参、虾夷扇贝、裙带菜等特色养殖品种产量分别占全国的 30%、90%、70%。

2025 年，大连市将以现代海洋城市建设为牵引，做强海洋科技，加快船舶设计院建设，推动海洋开发技术工程等实验室纳入全国重点实验室序列。做大海洋产业，大力发展海洋生物医药、海洋新能源、海洋信息与大数据等新兴产业，高标准建设海王七星、獐子岛等现代海洋牧场，提升深远海养殖能力，大力发展海产品加工业，探索构建国家极地现代渔业产业体系，打造"蓝色粮仓"样板，全市海洋总产值力争达到 4800 亿元。

2024 千帆过尽，2025 万里星辰。

大连市星海湾夜景

鞍山：
奋楫扬帆启新程

凝心聚力谋发展，奋楫扬帆启新程。

2024 年，在经济总量跨越 2000 亿元台阶之后的第一年，鞍山市承压前行、克难奋进，交出了一份难中求成、难能可贵的成绩单：经济运行总体平稳、稳中有进、进中提质，高质量发展和可持续振兴扎实推进，改革开放不断深化，重点领域风险化解有序有效，民生福祉持续增进。一般公共预算收入增长 7.4%，规模以上工业增加值增长 4% 以上，固定资产投资增长 7% 以上……

2025 年，鞍山市将以"五提升、五攻坚"为抓手，围绕着力挖掘内需潜力、加快构建鞍山特色现代化产业体系、持续深化改革开放、持续增进民生福祉等各项工作重点，一步一个脚印，高质量完成"十四五"规划和三年行动目标任务，为实现"十五五"良好开局打牢基础。

项目建设是推动经济发展的重要抓手，也是鞍山实现高质量发展的重要支撑。如今，鞍山大地上，掀起了一场大干快上、争分夺秒的建设热潮。

2025 年 1 月 15 日，鞍山市重点建设推进的"百亿级项目"

蓝天白云下的鞍山市二一九公园生机勃勃

佳通集团腾鳌温泉健康产业城里车辆穿梭，挖掘机挥舞着机械臂，工人们在一栋栋建筑内紧张忙碌着。项目中心位置的湖水仿佛一面镜子，倒映着湛蓝的天空和岸边的草木。湖边一栋栋造型各异的建筑拔地而起，咖啡厅极具现代美感，一栋栋漂亮的民宿正加紧装修，色彩斑斓的欧式小镇满是异域风情。

"这个欧式小镇以爱情为主题，名叫'浪漫小镇'。游客可以在这里品尝咖啡，观看表演。未来，我们还将建设多个各具特色的小镇，为游客提供更加专业和贴心的服务。"项目负责人谷勇介绍，腾鳌温泉健康产业城建成后，将成为特色鲜明、功能齐全、环境优美的中国北方度假主题旅游景区。

2024 年，鞍山市开展"百日攻坚"行动，围绕手续办理、要素保障、问题化解等核心领域，以更大的担当和作为抓紧抓实项目建设，把更多"规划图"变成"施工图""实景图"。一个个项目的落地生根，犹如一颗颗璀璨的明珠镶嵌在鞍山的版图上，为城市未来发展奠定了坚实的基础。鞍山青岛啤酒数智化

167

生产基地、后英集团康养产业融合等 707 个 5000 万元以上项目开工建设，布顿特种金属制品生产基地一期、恒盛烧结机升级改造等 323 个重点项目竣工投产，10 亿元以上项目投资增长 27.7%。中车集团等 8 家央企分支机构在鞍落户，华能新能源等 38 个重点项目开工建设……

"我们要提高项目谋划质量，抢抓各项政策机遇，围绕重大国家战略、政策导向、资金投向等关键领域，深入谋划实施一批全局性、基础性、引领性重大项目。"鞍山市发展改革委党组书记、主任李咏梅介绍。2025 年，鞍山市将提高项目服务能力，实施重大项目全流程服务管理，推动石湖水库、后英高性能镁基合金综合利用等 733 个 5000 万元以上项目开复工建设；提高闲置资产盘活效率，盘活闲置厂房 15 万平方米，推动北辰大酒店、会展宾馆、经开区奥特莱斯等一批停缓建项目复工，让"资产存量"变为"发展增量"；提高项目招引水平，围绕"8+1+4"产业发展方向，深化产业链招商、园区招商、以商招商，举办第三届鞍商大会，全年新签约、新落地重点项目努力分别突破 800 个和 400 个，争取实际到位内资增长 15% 以上、实际利用外资 5000 万美元。

连战连胜鼓舞人心，决战决胜催人奋进。站在新的历史起点上，鞍山市将以项目建设为引擎、科技创新为动力、优化营商环境为保障，用新理念、新思维、新模式研究鞍山振兴发展问题，加快发展方式转变，努力走出一条高质量发展、可持续振兴的新路子。

左上／ 鞍山市德邻陆港物流综合产业园里车辆穿梭，一派繁忙有序的景象
左下／ 后英集团海城市胜辉耐火材料制造有限公司车间里机械手臂有条不紊地工作

抚顺：
链式招商添活力

时光无言，记录着奋进者的坚实步履。

这是一组组令人欣喜的数据：2024年经济总量突破千亿元大关；粮食产量17.6亿斤，实现六连丰；工业稳中有进，新增33户规模以上工业企业；服务业持续发力，举办350余场次促消费活动，拉动消费6.8亿元⋯⋯

这是一幅幅振奋人心的画面：抚顺龙岗山雪上运动中心项目场景清单发布会上，签约项目42个，项目总投资额37.6亿元；西露天矿复绿1.2万亩，占比达70%以上⋯⋯

这是一个个幸福洋溢的场景：超3000户困难家庭完成适老化改造；27个老旧小区换新颜；"浑河大舞台"等250余场惠民演出好戏连台，奏响了城市群众文化的新乐章⋯⋯

攻坚之年，抚顺市以"工业立市、工业强市、产业兴市"为航向，巩固基本面、稳住基本盘，经济指标稳步增长，产业结构不断优化，民生福祉持续改善，镌刻下一个又一个坚实的脚印。

启航新征程，抚顺上下，"干"字当头，众志成城，拼抢争实，正以昂扬的姿态奋力开创全面振兴新突破的新局面。

只闻机器响，不见人奔忙。

自动定位巡航车将一袋袋化学纤维投放到传送带上，机器自动对各类物料

2024 年，抚顺市开展"浑河大舞台"等惠民演出 250 余场

进行称重，按比例混合，生产出一条条工业滤布及滤袋成品……在辽宁鸿邦装备技术有限公司生产车间，整个生产流程实现了自动化，1300 余平方米的车间仅有 2 名技术人员实时查看设备运转情况。

向"高"攀登，追"智"逐"绿"，抚顺市坚持"工业立市、工业强市、产业兴市"，加速构建具有抚顺特色优势的现代化产业体系，加快数字化、网络化、智能化改造，深入推进结构调整"三篇大文章"，实体经济的"含新量""含智量""含绿量"不断提高，提质升级足音铿锵。

结构调整推动了传统产业转型升级，新兴产业的崛起则增强了发展的后劲。

靶向药和运动鞋，看似挨不着边儿的两类产品，其生产过程都离不开一种重要原料——有机过氧化物。辽宁抚清助剂有限公司研发生产的有机过氧化物系列产品，在治疗肺肿瘤的靶向药市场占有率达 100%，在运动类产品市场占

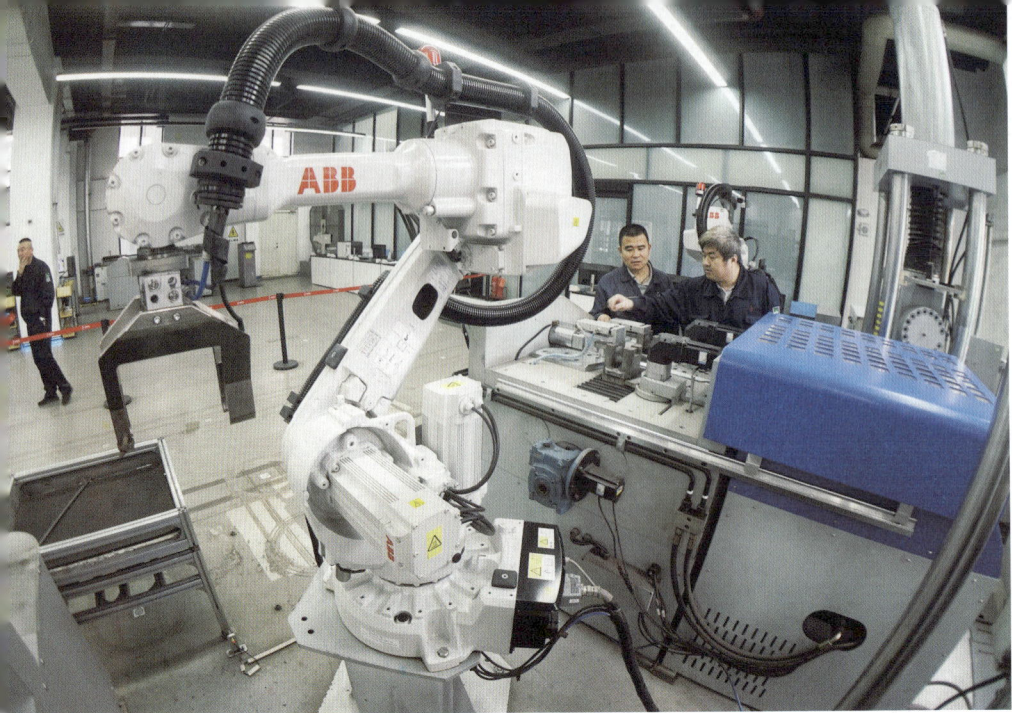

有率达 50% 以上。在国内，抚清助剂是吉林石化、大庆石化、中国蓝星等企业的供应商；在国际上，产品远销 20 多个国家和地区。

2024 年，抚顺市聚焦新材料、新能源、生物医药等领域，实施战略性新兴产业项目 44 个。

宣传推介，交流洽谈，实地体验……不久前，来自法国、意大利、韩国等国家的冰雪相关企业 30 多名嘉宾来抚顺交流洽谈，实地考察"十五冬"抚顺龙岗山雪上运动中心项目、冰雪经济基础设施建设及满族文旅项目。

抚顺冰雪经济的特色优势与发展成果，给国内外嘉宾留下深刻印象，纷纷表示，看好抚顺冰雪产业发展前景，希望能够投资抚顺，共创未来。

汇集众智，相向而行。"链式招商"激活"动力源"，抚顺冰雪经济产业的"朋友圈"不断扩大，合作共赢的热情处处激荡。

数九寒冬，清原满族自治县北三家镇的群山已被积雪所覆盖，国网新源辽宁清原抽水蓄能电站矗立在这里的群山中，将山水之势化为电能，点亮万家灯火。

清原抽水蓄能电站总投资 109 亿元，是东北地区最大的蓄能电站工程。自 2016 年 12 月 8 日开工兴建以来，建设者们克服重重困难，顽强奋战，扎实有序推进项目建设。

抚顺市牢固树立"项目为王"思想，高位谋划，高效推进项目建设，形成市委、市政府主要领导高位推动，市直部门牵头调度，县区主体推进的"三位一体"项目建设工作体系，加强"专班、专题、专项"推动，日调度、周跟踪、旬研判、月通报，每季形成项目专报，深入县区调研督导，深入现场服务项目，形成了人人抓招商、人人抓项目、人人抓发展的工作局面。

左上／ 在抚顺新钢铁智检中心，检验数据不经手、不落地，全程智能化
左下／ 抚顺石化调优产品结构的重点工程——油蜡联产项目投产，主要生产微晶蜡和光亮油

本溪：
稳钢强药兴文旅

2025 年，本溪将重点抓好"稳钢、强药、兴旅"三项工作，在三年行动的决胜之战中展现担当和作为。

三年行动，首战之年的告捷，本溪做到了；攻坚之年的全面胜利，本溪也做到了。总结归纳好的经验做法，决胜之年的决战决胜，本溪一样可以做到。

回首 2024 年这些市级层面统一思想、凝聚共识的活动，不难看出，本溪市紧紧抓住"钢"这个立市之本，把所有涉及第二产业的工作，都与本钢集团紧密对接，全年已累计解决双方关注问题 27 项，有效支持了本钢集团优化产品结构，从而实现稳产、增产、提效，坚决且坚定地稳住本钢集团的基本盘。

"本钢的事，就是本溪的事，支持本钢就是支持我们自己。"这是隐藏在本溪市地方规模以上工业增加值连续 23 个月实现两位数增长背后的逻辑。

为了助力延伸本钢的产业链，本溪市加快推动本钢煤焦油深加工、北营液化天然气联产液氨等项目开工建设，依托桥北、本溪湖两个经济开发区打造"双本"融合产业园。如今，北营新五号、新六号焦炉和建发废钢铁加工等 80 个工业项目都已竣工投产，促进了钢地共同实现更好发展。

右上／ 2024 年 11 月，本桓高速项目唯一一座特大桥——威宁互通太子河特大桥顺利合龙
右下／ 本钢北营公司 60 万吨新高线于 2024 年 12 月实现达产目标

游客来到本溪东风湖冰雪大世界，尽情享受冰雪运动带来的快乐

　　2024 年 3 月 18 日，重点项目集中开工暨拉练活动；10 月 22 日，"中国药都"第二届医疗器械产业协同创新发展大会；12 月 11 日，生物医药产业对接洽谈会……回望 2024 年发生在本溪高新区的各项活动，不难看出，喊了十几年的这句"举全市之力建设'中国药都'"至今仍是本溪市推进高新区产城融合项目建设、加快集聚药都人气的核心思想与行动准则。生物医药产业集群产值同比增长 33%，就是最有力的证明。

　　隆冬的严寒挡不住本溪高新区绿色原料药产业园工业污水处理厂的建设步伐。就在 2024 年的最后几天，18 座单体建筑已全部实现主体结构封顶，项目在寒风的呼号声中完成了 75%。

　　再看同样坐落在高新区的创新园，一座集医药研发、公共服务、企业孵化于一体的载体平台，由于税费政策更优惠、基础设施更完善，一直都是小企业落户"本溪药都"的首选。但随着高新区的名声越叫越响，改革成效逐渐显现，管委会对创新园进行了空间重构、功能重塑、资源重组、产业重整。"现在的创新园不是想进就能进、想留就能留的，门槛相当高。"高新区科技创新局副局长苟明义介绍。

2025年，伴随着"支持高新区发展飞地经济""设立医药产业引导资金"这两项被写入《政府工作报告》中的具体举措相继发力，以绿色原料药产业园为代表的重点项目建设势必加快进度，重点医药品种获批上市也会缩短日程，科技创新与生物医药产业的相互赋能发展定能把"本溪药都"的牌子打磨得更亮。

2024年7月11日，本溪市高品质文体旅融合发展工作会议召开。7月24日，《本溪市支持文体旅产业高质量发展若干政策措施》随即出台，持续叫响"枫叶之都"品牌，不断擦亮"温泉之城"品牌，做优做强"重走抗联路"品牌，积极培育"跟着赛事去旅行"品牌。

得天独厚的自然风光、古韵悠长的人文资源、薪火相传的红色文化、积淀百年的工业文明、独具特色的地域文化、人才辈出的体育底蕴，是本溪吸引八方来客的宝贵资源，也是这座城市的底气所在、优势所在、潜力所在。"枫海冰缘 乡野逗趣"入选了文化和旅游部秋季美食线路；国庆期间本溪游登上辽宁省内热门度假线路TOP1。

进入2025年，旨在整治旅游市场秩序的"春雷行动"蓄势待发，本溪市各景区、住宿、餐饮、交通等行业的服务意识和服务水平将经此一"震"而得到全面提升，优秀旅游城市良好形象也会被塑造得更加热情。

丹东：
探索招商新路径

招商引资是经济增长的源头活水，是高质量发展的新动能。当前，随着区域竞争愈加激烈，招商引资已成为各地聚合社会资本、助推新兴产业、促进经济转型的重要抓手。

2025年，丹东将招商引资和项目建设摆在突出位置，以更优的营商环境为保障，精准发力，推出一系列新动作，在招商引资路径、模式上进行了一次全面升级与调整。"链式招商＋专业招商""以商招商＋裂变成长""全员招商＋全程服务"等更具活力、更加市场化的全要素招商方式，成为丹东转型发展的关键词。

2025年1月10日下午，丹东"两会"刚刚闭幕，丹东市委主要领导就与外交影视传媒有限公司、稻草熊娱乐集团的客人进行了对接。双方围绕深入挖掘丹东独特的文化元素、创新文艺作品等方面进行了深入交流。企业负责人表示，丹东是厚植抗美援朝红色基因的英雄城市，希望与丹东携手，共同发掘和展示丹东之美，不断提升丹东文化旅游的知名度、美誉度和竞争力。

这是丹东积极寻找理念新、创意新、时代感强的文创团队，以精品项目促文创产品创新开发，加快建设高品质文体旅融合发展示范地先行区的一个场景。

就在同一天，丹东市政府主要领导也与中化学城市投资有限公司的客商进行了深度洽谈。企业相关负责人表示，丹东资源禀赋良好，营商环境一流，是企业投资发展的佳地，希望以此次化工园区建设为契机，积极探寻双方更多的契合点，努力实现更宽领域、更深层次的务实合作。

这是丹东聚焦"两重"方向，围绕全市新能源、新材料、新一代信息技术等新兴产业，大力引进一批促进相关产业壮大、推动相关产业集聚的优质项目的缩影。

时间稍微前推，从 2024 年 12 月下旬开始，20 多天的时间里，丹东市委、市政府主要领导分别与大连博涛文化科技股份有限公司、大连友谊集团有限公司、国瑞能源集团有限公司、昌图融科科技有限公司、中国电力建设集团、浙江吉利远程新能源商用车集团有限公司以及安徽中微融媒体文化产业有限责任公司、中易集团等企业的负责人进行了面对面交流，内容涉及特色精品文旅合作、清洁低碳能源、基础设施建设、叫响具有丹东特色的电商品牌等方面。

前脚送走一拨，后脚又来一拨，这已经成为 2024 年 9 月以来丹东的常态。建立完善项目建设、招商引资、争取政策、风险隐患排查"四个图谱"，持续做好"日周旬月季"调度，丹东在招商引资和营商环境建设上动作不断、精彩纷呈。

丹东华骏机床高端数控机床生产项目，现已竣工

辽宁五一八内燃机配件有限公司的数字化车间里，生产有序进行

借助达沃斯、"辽洽会"等平台，丹东积极宣传推介，举办了边境创新发展暨贸易提升洽谈会、特色纺织产业集群产品政策对接会、亚洲钟表工商业促进会等20余场招商洽谈活动，累计签约2000万元以上项目241个。

新开工4个投资20亿元以上项目，打破了丹东没有10亿元以上工业项目的状况；先后对接央企、大型国企30余家，对接世界五百强、中国五百强企业30余家，中车集团、金风科技、拉波尼服饰等知名国企民企先后走进丹东。

拓展了阿根廷何塞克莱门特帕斯市等国际友城名单，与俄罗斯犹他州政府签订合作框架协议，对外开放合作逐步扩大。在大连常态化设立"丹东城市会客厅"，常年宣介丹东的产业、资源、区位等优势，与40余家企业达成合作共识。

一次次跨越山海的双向奔赴，一场场共促合作的推介盛会，一个个共赢发展的项目相继签约……仔细梳理丹东"走出去""请进来"不遗余力扩大朋友圈的脉络，可以清晰地看到这座城市在转变思维、强化服务、找准优势，因地制宜探寻契合自身、迎合趋势的招商引资新路径上的探索与持续推动产业转型方面的努力。

锦州:
项目建设春来早

开局关乎全局，起步决定全程。

严寒天气挡不住锦州重点项目全力跑好开年"第一棒"的速度与激情。

寒冬时节，走进位于高新区的锦州华一精工有限公司新能源汽车数字化压铸车间扩建项目建设现场，处处弥漫着"开年即开跑"的实干氛围。在新厂房建设现场，施工人员多工种协调作业，全速推进；在生产车间，工人们精准操作，抢抓每分每秒，一派大干快上的火热场景。

目前厂房地面施工以及内部照明系统的搭建已基本完成。

项目投资是赶超发展的主引擎，是裂变发展的反应堆。在锦州的每一个重点项目建设现场都可以看到建设者们不分昼夜抢工期、推进度的场景，他们正

锦州港"服务构建东北海陆大通道"多式联运示范工程列入辽宁省首批多式联运示范工程项目

在全力奏响项目建设"奋进曲"。

综合楼已完成封顶，施工队伍陆续进场——在经开区，总投资 51 亿元的凯荣国际锦州生产基地，现已做好冬季施工方案，预计 2025 年 10 月完成联动试车。项目投产后，能解决 350 人就业，预计产值达到 102 亿元。

已完成现场临建、塔吊安装和挖槽，1 号、2 号厂房正在进行桩基基础工程——在古塔区，总投资 20.1 亿元的国机零碳产业园一期新型储能装备制造研发项目进展得如火如荼，预计 2025 年 6 月实现两条生产线安装调试。投产后，预计年产值 35 亿元，纳税 1.5 亿元。

一幕幕建设场景，正是锦州以超常规举措落实全面振兴新突破三年行动，坚持把项目作为高质量发展不二法则的生动写照。

新年伊始，锦州便召开 2025 年重点项目调度推进会，抢先、抢早、抢开局，全面推进项目建设，吹响"出征号"。

翻开沉甸甸的"锦州市 2025 年首批双高推进重点项目清单"，不难发现，规模大、质量高已成为锦州市 2025 年重点建设项目的显著特征。锦州 2025 年首批高质量、高效率推进重点项目 30 个，总投资 676 亿元。其中，工业类项目 22 个，商贸服务类项目 5 个，基础设施类项目 3 个。待所有项目建成投产后，预计新增年产值达到 624 亿元，新增就业岗位 1 万余个。

"我们为项目制作'鱼骨图'，实行作战任务书模式，由一位副市长牵头，涉及的前期手续交由市直行业部门主要负责人、县区党政主要领导、企业负责人合力攻坚，'六只眼睛'紧盯项目，按照既定序时进度完成各自任务，实现项目开工前期全流程管控。"锦州市发改委有关负责人表示，锦州正综合运用

右上 ／ 西金（锦州）金属科技有限公司项目施工现场
右下 ／ 锦州石化 44 万吨 / 年油浆加氢装置一次开车成功

"双高"、"赛马"、拉练、"红黄绿灯"、包保等工作机制，统筹"量"与"质"、"政"与"企"、"央"与"地"，从项目谋划、办理手续等方面入手，变冬闲为冬忙，确保重点项目应开尽开，实现决胜之年首季"开门红"。

招商引资的热潮在锦州市涌动不息。在锦州智谷园区，恩耐吉年产30万吨钠离子电池正极材料、2GWH钠离子电池及储能系统生产项目建设现场一派火热。据项目负责人介绍，恩耐吉项目总投资45亿元，分四期实施，全部建成后，预计年产值达200亿元。

招商引资既要打好"主动仗"，又要做到"有的放矢"。以高水平招商引资为高质量发展蓄势赋能，既要促成项目"引进来"，又要保证项目"能落地"，还要推动项目"发展好"。

为此，锦州充分发挥45个县（市、区）招商局作用，全面提升招商引资质效，坚持全产业链招商、全生命周期保障、全时段精准服务。聚焦国家"两重""两新"增量政策，研判市场需求、推动产业升级、注重精准发力，开展成本招商、链式招商、靶向招商，"既抓招引，又抓培育"，实现"项目落地转化率"和"项目建设质量效益"双提升。

一个个共赢发展的项目签约，绘制出了一条昂扬向上的发展曲线，铺展出一幅锦州高质量发展的绚丽宏图。

营口：
咬定目标不放松

　　2025 年 1 月 22 日，营口市发布并解读 2024 年经济运行数据：地区生产总值按可比价格计算，同比增长 5.1%，高于全国 0.1 个百分点，与全省增速持平，连续两年跑赢全国、赶上全省。

　　细看答卷，三产基础更牢、结构更优、动能更足。粮食产量六连丰，工业经济运行平稳，服务业延续高速增长态势，信息、文体旅、科研等重点领域增势强劲，进一步擦亮了国家创新型城市、全国创新驱动示范市的城市名片。

水平剖分式离心压缩机组在沈鼓集团营口透平装备有限公司下线

细看答卷，消费与投资相互促进，两大引擎火力全开。消费市场活力绽放，投资规模不断扩大，获评2023（区域）最具投资营商价值城市。

细看答卷，幸福民生成色更足、底色更亮。金融和财政稳定增长，居民消费价格同比持平，城乡收入差距进一步缩小，第四次荣膺"最具幸福感城市"称号。

世界首台（套）、全球最大规模水平剖分式离心压缩机组下线，国内在建的纬度最高的中交营口LNG接收站进入内罐安装阶段，全球单机容量最大＋机组建成运行，扛起大国重器使命担当。东北亚镁质材料交易中心和营口自贸区工业互联网数字赋能中心等开启数智化转型新征程。一串串数字振奋人心，勾勒出过去一年营口人民勇攀高峰的精彩群像，为打好打赢决胜之年决胜之战强信心、增底气。

2025年2月5日，春节假期结束后首个工作日，营口市召开工作部署会议，营造决胜之年开局即决战、起步就冲刺的浓厚氛围。

决胜之年，"干"字当头。营口市将聚焦推动高质量发展这个首要任务，加强经济运行调度，积极帮助企业排忧解难，努力把"起势"转化为"胜势"，把"胜势"转化为"定势"。坚持传统产业转型升级和战略性新兴产业培育壮大两手并重，扎实做好结构调整"三篇大文章"，加快新旧动能转换，赢得发展主动权。全面融入全省4个万亿级基地和22个重点产业集群建设，构建具有营口特色优势的现代化产业体系。坚持数转智改、网联赋能，加快传统产业向高端化、智能化、绿色化发展，推动装备向高新突破、冶金产业向精深拓展、石化产业向下游延伸，让传统产业重塑优势。强化科技创新和产业创新深度融合，树立大抓科技型企业的鲜明导向，系统推进技术创新中心、转移中心及中试基地等平台建设。积极发展清洁能源、新材料、数字经济等产业，前瞻布局氢能、低空经济、机器人及人工智能、循环经济等未来产业，让新兴产业加速崛起。

全球单机容量最大风电机组启动发电

　　决胜之年，奋勇争先。大力发展海洋经济，推进海洋牧场和渔港经济区建设，加快发展海工装备、精细海洋化工等重点产业，做大做强海洋服务业，壮大滨海旅游，建设海洋强市。坚持城乡融合发展，推进以县城为重要载体的新型城镇化建设，支持大石桥市、盖州市立足自身特点，发挥比较优势，走差异化、特色化发展之路，充分释放县域经济发展活力。推进冰雪运动、冰雪文化、冰雪旅游和冰雪装备等冰雪产业高质量发展，让冰雪"冷"资源释放经济"热"效应，打造环渤海高品质文体旅目的地。开展精准招商、以商招商，全力以赴抓好招商引资和项目建设。严格落实"项目管家"精准帮扶机制，强化重点项目全过程管理，推进海上风电、大东沟金矿、清洁能源高端装备产业园等重点项目建设，促进项目尽快开工建设，尽早投产达效。

　　咬定目标不放松，保持定力不动摇，营口向决胜之战的各项目标任务发起冲锋，积小胜为大胜，以量变积累实现质变飞跃，努力交出一份决胜之年的优异答卷。

阜新:
"双十行动"强起势

　　岁序更替,万象新启。回首攻坚之年,阜新的发展答卷镌刻着火热的奋斗印记。展望决胜之战,阜新接续奋进的步伐铿锵有力。

　　寒冬时节的阜新,处处可见热火朝天、干劲十足的景象。从城市到乡村,从工厂到田间,到处洋溢着奋斗的气息,全市上下以饱满的热情和决胜的信念,投入全面振兴新突破三年行动的决战中。

　　在阜新氟产业开发区中心位置,阜新瑞丰氟化学有限公司投资 3100 万元、年产 1500 吨含氟精细化工产品项目的建设现场一派火热,厂房建设、设备安装同步进行,联动试车指日可待。"产品纳入国家高新技术产品名录,国内唯一,今春投产。"公司董事长吴彦军斗志昂扬。

　　黄家沟滑雪场,游客从雪道上飞驰而下,在冰天雪地中感受速度与激情。冰雪"潮"起,"热"意正浓。阜新市发布冰雪研学游、冰雪温泉游、冰雪民俗游、冰雪冬捕游等 6 条精品旅游线路,让"冷资源"转化为"热经济",释放冰雪经济澎湃动力。

　　科尔沁沙地歼灭战主战场上,三河源治理工程之一的绕阳河源头小流域水土保持治理项目——200 亩芍药园签约转让,实现松辽流域首单小流域治理生态产品价值转化,为辽宁省乃至东北地区其他水土保持治理项目提供了可借鉴经验。

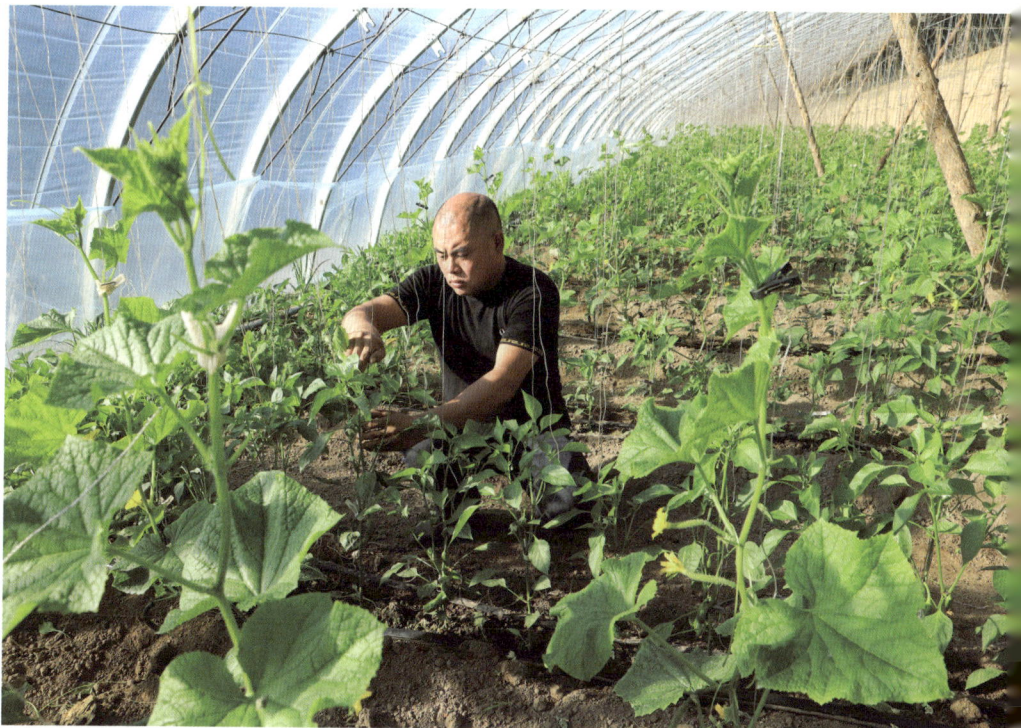

上／　黄家沟滑雪场客流不断

下／　阜新蒙古族自治县福兴地镇设施农业园区温室大棚内作物长势良好

果蔬大棚内，暖意融融、满眼青翠。鲜嫩欲滴的各类果蔬缀满枝头、生机盎然。2024年阜新粮食总产量达到54.1亿斤、连续两年创历史新高的消息，让每一个农民的脸上洋溢起丰收的喜悦……

一幅幅奋勇争先的实干图景，一张张拼搏奋进的喜人答卷，描绘着阜新市坚持系统思维、坚决打好打赢三年行动决胜之年决胜之战、奋力实现全面振兴新突破的坚定步伐。

站在新起点，如何保持加快发展势头？新年伊始，阜新市立下决战决胜三年行动的"军令状"，写下不断满足人民美好生活向往的"承诺书"：在持续开展"十项攻坚行动"的基础上，谋划"十项突破"，启动"双十行动"，集中力量突破煤矸石综合利用、数字赋能城市治理等10项重大问题，打通经济社会发展的难点堵点。

"双十行动"是阜新市拓宽促进高质量发展重大增长点的关键招法，是当地不断塑造新优势、赢得主动权、跑出加速度、撬动振兴发展的重要落子。

阜新市天合环保建筑材料厂利用煤矸石和粉煤制成"环保砖"

彰武开发区企业新建项目加速推进

新的一年，阜新市坚持把高质量项目建设作为扩大有效投资的重要举措，开展"项目提质年"，落实"三调度"工作机制，聚焦科技创新和新型工业化、民生基础设施补短板等领域，谋划储备项目 600 个以上。

新的一年，阜新市统筹推进重点领域改革，激发发展活力，提升开放水平，打造合作新优势。开展招商引资攻坚突破行动，建立健全项目招引、落地、服务全流程闭环体系，创新场景招商、以赛招商等新模式，持续扩大"朋友圈"。

新的一年，阜新市有力有效推进乡村全面振兴，加快农业农村现代化进程，坚持绿色低碳发展，强力推动科尔沁沙地歼灭战取得标志性成果。

新的一年，阜新市加大保障和改善民生力度，持续增进民生福祉，坚持实施就业优先战略，着力健全社会保障体系，稳步提升健康阜新建设水平。民生无小事，枝叶总关情。2025 年，阜新市在广泛征求意见的基础上，启动城区重点路段排水能力提升、义务教育基础设施提升改造等 10 项民生实事。坚持清单化管理、项目化落实、工程化推进，集中力量办好办实一批"小而美""惠而实"的民生实事，让广大群众看到变化、见到实效、得到实惠。

壮阔蓝图引领奋斗者，崇高使命激励追梦人。全体阜新人民将坚定信心、团结奋进、砥砺前行、决战决胜，奋力谱写中国式现代化阜新篇章！

辽阳：
突破千亿元大关

　　2024 年 12 月 30 日，象屿铝业入驻，将致力于全球领先绿色铝基高端制造，以辽阳为中心打造引领行业、集聚产业、拉动全链的供应链"链主"新样板；2024 年 12 月 31 日，平胡楼正式全面开放，与千年白塔遥望，与古朴广佑寺隔河，成为促进文旅融合新地标；2025 年 1 月 1 日，搁置多年的辽阳站西站房和站东交通枢纽投入运营，激发出高质量发展全新动能……

　　岁末年初，古城各领域的新气象、新面貌、新作为，凝聚成辽阳市阔步新征程、奋力实现全面振兴新突破的磅礴之势。

　　交出追上全省步伐、跟上发展大势的精彩攻坚答卷，辽阳市决胜之年紧跟省委步伐，咬定三年行动目标不放松，以决战决胜姿态全力冲锋，努力推动经济总量突破千亿大关，为全省新时代"六地"建设贡献力量，坚决打好打赢决胜之年决胜之战。

　　三驾马车齐发力，决胜之年底盘稳。

　　辽阳市思路清晰、举措务实、目标明确，全力统筹用好国内、国际两个市场，积极推进投资消费出口协同联动，坚决稳住决战决胜基本盘。

右上／　立邦新型建材东北区域生产基地落户辽阳，建成投产

右下／　辽阳站西站房于 2025 年元旦交付使用

拓展有效投资空间。辽阳市将持续开展"项目落地年"活动，实施亿元以上项目 350 个，力争开（复）工率 90% 以上。抢抓国家更大力度支持"两重"项目机遇，积极争取中央预算内投资、超长期特别国债和地方债券。

构建多元消费场景。辽阳市将主动对接国家扩围实施"两新"政策，提振汽车、家电等大宗商品消费。擦亮温泉冰雪、皮草购物等特色品牌，策划主题促消费活动 320 场以上。

提升开放合作能级。辽阳市将持续深度融入共建"一带一路"，全力推进向北向东开放。依托"沈大开放轴"大连港、营口港以及沈阳临空经济区等平台，培育外贸增长点。

厚植企业成长沃土，决胜之年活力足。

"12 万吨天然脂肪醇生产装置试生产已到期，尚未验收无法投入使用。""公司获取银行贷款较为困难。"面对辽宁圣德华星化工有限公司提出的诉求，辽阳市委组织部会同辽阳市应急局深入企业研究解决办法，推动辽阳市商务局组织召开银企对接会，使项目得以投产，企业获得 3000 万元贷款。

企业是振兴的微观基础。辽阳市深刻认识到，只有企业"青山常在"，全市经济才能生机盎然。

为此，决胜之年，辽阳市将持续坚持以优化营商环境为基础，全面深化改革，进一步理顺政府和市场关系，让政府更有为，让市场更有效，厚植让企业"办事更方便，赚钱更容易"的营商沃土，想方设法支持企业心无旁骛抓发展，助力企业以恒心办恒业，让企业快发展大发展，努力推动形成大企业顶天立地、中小企业铺天盖地的发展态势。

科技创新强引领，决胜之年动能足。

寒冷冬日，窗外滴水成冰，车间内生产火热。位于辽阳的辽宁晟钰新材料科技有限公司水雾化铁粉生产线上，钢材被熔化成液体，喷涌而出撞向高速流

宜居宜业的辽阳，城市颜值和品质不断提升。图为辽阳市太子河两岸风光

动的"水墙"，四散开来，在空气中冷凝成精细的铁粉。

这看似简单的"一撞"背后，效益却大相径庭。"经过高压水雾化处理后加工出的铁粉，是粉末冶金行业的主选材料，产品价格立即翻倍。"晟钰公司总经理刘一锟介绍："公司以前是做轧钢的，因钢材市场低迷，曾一度陷入困境，后来积极加大科技创新力度，最终实现了从金属粗加工到金属新材料创新生产的华丽转身，企业重新焕发勃勃生机。"

以科技创新推动产业创新，培育决战决胜的新动能，辽阳市着力扩总量、优结构，加快构建具有辽阳特色优势的现代化产业体系。

太子河奔流不舍昼夜，连接起过去、现在和未来，见证着古城儿女的奋斗与荣光。

铁岭：
"两河两湖"兴文旅

在 2024 年年底举行的市委经济工作会议上，铁岭市进一步明晰"项目为王、发展为要、民生为本"的振兴发展理念思路，提出了"工业强市、文旅兴市、环境立市"的发展战略。这样的发展战略，符合铁岭实际，具有可操作性，直指发展痛点，极大提振了铁岭全市上下打好打赢决胜之年决胜之战的信心。

一条协同发展的"近路"。

2024 年 9 月，沈阳首家加氢站投入运营，华晨宝马成为首个用户。这一消息标志着沈阳在绿色能源领域迈出重要一步，也意味着华晨宝马成为国内首家使用绿氢燃料卡车进行物流运输的汽车主机厂。

这一消息就像亚马孙热带雨林中那只扇动了几下翅膀的蝴蝶，在铁岭引发了极大的震动。

众所周知，蝴蝶效应发生的前提是同一个动力系统。铁岭新能源产业相关从业者之所以认为沈阳在新能源产业上的突破与自己的城市有关，主要是在过去的两年，铁岭市做成了一些与新能源产业有关的事。特别是辽宁华电铁岭离网储能制氢一体化项目成功制取出辽宁的第一罐绿氢，这不仅让铁岭在绿电消纳上率先实现抢点布局，还让铁岭以绿氢产品为桥梁不断拓展与沈阳的合作。

从全力打造"沈铁工业走廊"，到积极推进"沈铁同城化"，铁岭为了"吃"沈阳，这些年就没有停止过努力。这一次，信心最足。

　　主动拥抱沈阳，积极融入沈阳的优势产业集群，铁岭加快工业转型升级，与沈阳协同发展是一条"近路"。

　　按照省委推动沈阳现代化都市圈高质量发展的部署，铁岭市将自身定位为都市圈先进制造业协同发展基地，确定七大产业主动与沈阳协同发展。2024年，铁岭市组织国投生物、陆平机器、际华专用车等企业与都市圈头部企业累计开展产需对接活动34次，推动企业新增订单4.1亿元。围绕汽车零部件、航空零部件等产业，在多个层面与沈阳市开展对接。

　　一方豁然贯通的集聚区。

　　围绕新老城区，一个新的概念——"两湖两河"文化旅游消费集聚区被提出，让铁岭人在文旅融合发展上找回了方位感。

上／　河湖环绕的凡河新城是铁岭"两湖两河"文化旅游消费集聚区的重要组成部分

下／　银州区龙山乡七里村一直大力发展农文旅产业，依靠山水布棋局，促进农民增收。图为乡村爱情农家院

"两湖两河"是银州区穿城而过的柴河、作为新城区地标的凡河和如意湖，还有位于新老城区之间的莲花湖。2025年，铁岭市将重点推动银州区、凡河新区"两湖两河"文化旅游消费集聚区建设，加快打造快乐文化IP核心景区，推进城区和乡村旅游集聚发展。加强与沈阳都市圈城市文旅宣传推广和产业联盟合作，联动沈阳都市圈文旅一体化发展。

铁岭市明确，强力推进"文旅兴市"战略，坚持"快乐文化"城市品牌和"吃住行游娱购"全产业链发展，顺应新趋势，把握新特点，以更大战略定力抓文旅、兴文旅，把握全域化趋势，整合全市文旅资源叫响大品牌。

一艘重新出发的"大船"。

蓝色的挡板一块接一块地固定，直至将"大船"团团围住。随后"大船"即将重新开业的消息就在铁岭疯传，相互转告时，人们毫不掩饰内心中的那股兴奋劲儿。

"大船"位于铁岭凡河新区市民服务中心后身，天水河右岸，因主建筑酷似一艘大船而得名。作为名噪一时的城市商业综合体，停业前这里是铁岭人购物、餐饮、娱乐、休闲、社交的首选场所，是铁岭的商业地标。过去几年里"大船"重启的消息不断，但围上挡板开始施工却是第一回。

一段时间内，类似的好消息接踵而至：

2024年末，寿光果蔬贸易城盘活工作有了突破性进展，作为重点民生项目的铁岭市中心医院新院区投入使用，公建民营的铁岭市综合性老年人养护中心正式开业，铁岭交运集团新采购的100台纯电动公交车陆续上线运营……

好消息的背后，是发展环境的全面提升，发展活力的加速释放。

朝阳：
竞逐产业新赛道

2025 年 1 月 5 日，家住朝阳市双塔区的王子宇与朋友们相约来到龙城区庙子沟滑雪场。在滑雪教练的指导带领下，他们相继从雪道上飞驰而下，感受冰雪运动带来的激情与快乐。

"拓宽的雪道、教练的专业指导，娱乐项目、网红打卡景点、演绎活动的增加以及服务保障措施，给了我们非常棒的体验。"王子宇说。

淞雪舞银山，燃情正当时。近年来，朝阳市高度重视冰雪经济的发展，充分依托地区丰富的冰雪资源、便利的区位交通优势，大力发展冰雪产业，创新多元冰雪消费场景，全面激发旅游消费活力。

"燃烧"的冰雪也是朝阳全面振兴新突破三年行动火热场景的生动写照。

决胜之年，朝阳将围绕落实九个方面重点任务，以建设融入京津冀协同发展战略先导区、打造辽宁开放合作西门户和新的增长极为引领，持续拼、不松劲，全力推动经济社会高质量发展，为全省实现全面振兴新突破作出新的更大贡献。

千方百计推动三次产业协同发展。全力实施高标准农田建设和玉米单产提升工程，统筹推进设施农业、畜牧业发展，持续稳住一产"压舱石"。坚持"规上规下"一起抓，充分发挥规模以上工业企业的顶梁柱作用，持续巩固建筑业快速增长态势，进一步增强二产正向拉动力。精准落实扩内需政策，举办系列主题促消费活动和政银企对接活动，高质量办好 2025 辽宁省高品质文体旅融

合发展大会，全力提升三产发展水平。

坚持"项目为王"不动摇，聚焦全年开复工亿元以上项目 435 个目标，全力以赴推动项目建设持续发力。精准招商扩增量。发挥新能源、新材料、农产品精深加工等产业优势，强化以商招商、精准招商，力争全年新引进亿元以上产业项目 150 个；同步谋划包装一批国省支持项目，高质量承接各项政策落实落地。加快进度抓存量。推进朝阳抽水蓄能电站、中能建膨润土综合利用等续建项目加快建设，推进大有荃吉康植物基胶囊、中大恒源阿洛酮糖等新建项目加快开工，持续掀起项目建设热潮。创新驱动提质量。聚焦打造清洁能源之都，全力推进新型储能、绿电制氢氨醇等清洁能源全产业链项目建设，率先打造风光氢氨醇一体化基地；聚焦"飞在朝阳"发展定位，打造一系列应用场景，努力实现低空经济新突破；聚焦传统产业升级改造，推进凌钢焦炉煤气制 LNG 和氢能、美富淦冷轧带钢等重点项目建设，加速迈向产业链、价值链中高端，因地制宜培育新质生产力。

坚定不移推动改革走深走实。清单化项目化工程化推进 324 项重点改革任务落实，进一步优化 7 个省级开发区体制机制，加快补齐县域经济短板。持续

建平县杂粮种植面积 110 万亩左右，种植规模位列全省第一

优化营商环境，完善亲清政企会客厅等机制，为企业办实事、解难题，确保市场主体突破 33 万户。持之以恒推动生态文明建设向优向好，全力打好科尔沁沙地歼灭战，扎实推进 500 万千瓦光伏治沙、科尔沁沙地南缘治理、历史遗留废弃矿山生态修复等生态治理项目，让朝阳天更蓝、水更清、山更绿。

牢牢把握"五个必须"要求，切实加强党对经济工作的领导，统筹抓好民生保障、风险防控、安全稳定等工作，坚决打赢三年行动决胜之年决胜之战。

深挖冰雪经济潜力，打造冬季旅游聚集地；抢抓数据产业先机，建设数据要素产业园。近年来，朝阳市龙城区深入挖掘资源优势和区位优势，主动聚焦"冰雪经济""首发经济""平台经济"，持续发展冰雪产业和数据要素产业，不断打造经济高质量发展新引擎，为推动地区经济回升向好、打好打赢三年行动决胜之年决胜之战打下坚实基础。

盘锦：
强势开局争头彩

2025 年 1 月 3 日，盘锦市召开冬季施工项目开工动员大会，并召开招商引资工作大会暨"冬季大招商"启动部署会议。抢抓岁末年初这个重要节点，盘锦市在集中推动 84 个项目冬季施工的基础上，还积极"走出去""请进来"，全力开展招商活动。

动起来、拼起来，盘锦奔跑迎"头彩"，起步即起势，为打好打赢决胜之年决胜之战提供坚实支撑，奋力在新时代辽宁全面振兴中走在前列。

打破思维定式，紧跟趋势之变，盘锦市理清招商新思路：注重思维革新，坚持数量规模与质量效益并重、招大引强与延链补链并重、链式招商与首发招商并重、扩大增量与挖掘存量并重、招商引资与招才引智并重。拿出攻坚之举，解决好招什么、去哪招、谁去招、招得到的问题。确保项目落地，拿出真情热情，做好跟踪服务，优化平台建设，提升园区综合承载能力，全力以赴促进项目在盘锦落地开花。

招商不仅是经济发展的"晴雨表"，更是干部思想作风、精神状态的"试金石"。

盘锦市立下规矩：将招商引资作为"一号工程"，"一把手"带头抓招商，通过亲自上手，减少中间层级，提升招商效率。全面落实"管行业就要管招商、管产业就要管招商"要求，主动到一线对接，到重点目标企业登门拜访，拿出

辽宁盘锦精细化工中试基地 C6 车间内，工人正在加紧施工

最大的诚意商洽合作。

去哪儿招？围绕京津冀央企总部集聚区、长三角及山东国内外知名化工企业集聚区、粤港澳科技型企业集聚区、川渝等经济增长提速区，盘锦市级统筹谋划开展境内"走出去"招商活动 5 批次以上。紧盯重点外资项目进展，依据石化及精细化工、粮食集散及精深加工以及光学电子等盘锦市主导产业外资项目储备情况，谋划赴欧美、日韩、东南亚各国以及我国港澳台地区经贸交流活动 3 批次以上。依托第六届辽宁投资贸易洽谈会以及各类行业峰会，谋划举办大型"请进来"招商引资活动 2 批次以上。在此基础上，各县区、经济区自行谋划"走出去""请进来"活动，并开展季度评估。

招什么？优先选择符合盘锦产业发展方向，具有高技术含量、高附加值、高成长性的项目，确保项目落地后能够产生良好的经济效益和社会效益。石化产业是盘锦的优势产业，精准锚定具有发展潜力与契合度的细分领域，如高端聚烯烃、高性能合成橡胶、特种工程塑料、化工新材料等开展招商，塑造差异化竞争优势，增强对目标企业的吸引力。粮食集散和精深加工产业是盘锦的重点产业，围绕"粮头食尾""农头工尾"做好招商文章。文旅康养产业链发展前景很好，针对景点打造、景区升级、文创产品开发等开展招商。

差什么引什么，缺什么补什么，弱什么强什么，要有中生优，更要无中生有，要延链补链，更要建链强链，以招商引资的实际成效促进产业集群发展壮大。全面发力，盘锦各县区、各部门快速行动，以招商引资主题召开新年第一会，发出全员招商令，力争在"冬季大招商"期间新签约注册项目110个，实现招商引资首季开门红。

做行动派，抢抓开局，赢在起跑线上。

2025年1月3日，盘锦市集中推动84个项目冬季施工，总投资1181.4亿元，同比增长8.7%，涵盖炼化一体化、精细化工、新材料、新能源、光学电子等多个领域。这批项目科技含量高、发展潜力大、引领带动力强，其中亿元以上项目45个，占比53.6%；产业项目占比高，细分领域涵盖广，投资结构更加均衡，工业项目31个，占比36.9%，服务业项目25个，占比29.8%。

冬闲变冬忙，盘锦各项目现场开足马力，将规划图变成实景图。

葫芦岛:
项目建设提质效

2024 年，对于葫芦岛来说是充满困难和挑战的一年。

"8·20" 洪灾降雨强度前所未有，损失之大前所未有，抢险救灾之难前所未有，灾后重建任务之重前所未有。这个大考，葫芦岛以超常规举措应对极限情况，以战斗姿态与时间赛跑，全面打响防汛抢险救灾及灾后重建的硬仗。

"五加二""白加黑"的背后，是心气。上下同欲者胜，同舟共济者兴。这种一往无前的势头，为葫芦岛打赢决战之年决胜之战提供了坚不可摧的力量。

如何在决胜之战中打好项目建设这场硬仗？葫芦岛市以每月一次的全市性县区、园区重点项目建设调度会开篇，既晒出成绩和不足，也促进项目攻坚中的难题得到及时解决，推动全市项目建设提速提质增效。

2025 年 1 月 9 日，葫芦岛市连续第三年启动项目建设"百日攻坚"行动。各级领导加密调度频次，包片推进 220 个重点项目前期手续办理，确保 4 月中旬前，200 个项目完成攻坚目标、180 个以上项目具备开工条件、100 个以上项目开工建设，实现"开门红"。这些项目总投资 1260.6 亿元。截至 3 月末，84 个项目完成攻坚目标，14 个项目已开工。

调度会只谈问题及解决之道，高效促进了难题的破解效率。面对南票区一

右上 / 西门子能源工业透平机械（葫芦岛）有限公司生产车间
右下 / 扬农大型精细化工项目一期一阶段顺利投产

徐大堡核电站 1 号机组 CA03 模块吊装就位

个投资 51 亿元新项目遇到的七大难题，大家踊跃献计，市委主要领导当场决定，在邻近县区和开发区另行选址，"飞地"建设，确保项目如期开建。让杨家杖子经济开发区大鹰水泥项目负责人喜出望外的是，他没好意思提出的资金难题被细心的与会者发现，得到了相关部门的及时助力，"'瓶颈'突破了，项目今年就能见成效"。

为做好项目建设要素服务保障，葫芦岛市各级职能部门提前介入前期工作。2025 年以来，仅兴城市就召开调度会 17 次，域内 38 个 "百日攻坚" 项目已办结 22 个，办结率 58%，核电、原子能研究院基地等全链条核产业项目顺利推进。

决战之年，决胜动员令已经发出，葫芦岛将锚定目标，积极应对市场波动、灾后重建等困难和挑战，坚决实现决战决胜。

将在扩大内需上决战决胜。树牢项目为王理念，采取 "百日攻坚"、分级包保等超常规举措，加快徐大堡核电、中国原子能院葫芦岛基地、维多新材料等重大项目建设，实施重点项目 670 个以上，连续第四年增长 10%。紧盯 "国发 21 号文件""两重""两新" 政策机遇，围绕灾后重建和发展稳定谋划一批高质量项目。实施好提振消费行动，深度开发 "城、泉、山、海、岛" 文旅资源，打造文旅燃爆点、消费新场景。

在壮大产业上决战决胜。做好结构调整"三篇大文章"，积极应对企业减产检修等不利因素，助推锦西石化等支柱企业稳生产、拓市场、调结构。高标准编制葫芦岛核产业发展总体规划，布局建设近3万亩的全链条核产业集聚区，打造国家重要的核产业高质量发展基地，加快建设"一通道六基地"，持续壮大"千百亿"产业集群。

在改革开放上决战决胜。系统推进市委全会部署的400余项改革举措，抓好"放管服"、国资国企、园区等重点领域改革，持续优化营商环境，扩大高水平对外开放，补齐县域、海洋、民营经济短板。

在灾后重建上决战决胜。按照省委"三步走""五级书记抓重建"要求，完成好春耕备耕和入汛前水利、交通等基础设施基本恢复到灾前水平的"第二步"任务，确保年底或再用一两年时间，全面恢复到灾前水平并实现新的跃升。

在民生保障上决战决胜。着力稳就业、促增收，优生态、美环境，聚焦"急难愁盼"，办好民生实事，更好统筹发展和安全，让人民群众共享振兴发展成果。

新落成的海绵城市"爱心"主题公园成为葫芦岛新地标

沈抚示范区：
定位"三区一引擎"

决战决胜的号角在辽沈大地吹响，攻坚冲刺的豪情在沈抚之间涌动。

沈抚示范区笃定决战决胜之志，铆足敢闯敢拼之劲，狠下苦干实干之功，聚焦"三区一引擎"使命定位，即东北地区改革开放的先行区、优化投资营商环境的标杆区、创新驱动发展的引领区和辽宁振兴发展的新引擎，坚持以改革创新为牵引，以打造区域创新高地为目标，高标准建设沈抚科创园，高质量推进主导产业，高水平落实体制机制改革、科技创新、开放创新，构建创新型产业体系，推动绿色发展"五大任务"，奋力当好辽宁全面振兴新突破的"突击队"、高质量发展的"先行区"和新质生产力培育发展的"重要平台"。

扭住"牛鼻子"，加快科创平台建设。

2024 年 12 月 24 日，沈抚示范区，辽宁沈抚数智一体化工厂（车间）中试基地。一个类似风扇叶片的钢制圆盘很快被注入了"工业灵魂"。

在空无一人的轮毂柔性智能生产线上，一个毛坯圆盘在经历粗加工、翻转、打孔、吹屑、视觉定位、精加工等多道工序后，成为我们眼中熟悉的轮毂。不久的将来，这个轮毂就将安装在国产新能源车辆上，在道路上飞驰。

新质生产力拉动沈抚示范区经济增长的作用正在显现。2024 年，技术合同成交额达到 2.47 亿元，同比增长 36.54%；域内创新主体新获发明专利授权数同比增长 114.7%，每万人专利数位列全省首位。

沈抚示范区智能制造产业园二期、三期正在加紧建设中

筑牢"硬支撑"，加速集聚优质项目。

冬日辽宁，朔风凛冽。万物归藏的静谧中，沈抚示范区这块国家级"试验田"里，仍不断有新的收获破土而出。

围绕高端装备制造产业，新场景在搭建：在辽宁双智数字赋能中心，仿真机器狗正在平移、原地转向、爬楼梯，动作流畅。它可以搭载高速激光雷达、视觉系统等，按照既定路线巡检，行走过程中快速采集周围的全景影像、真彩色三维点云等数据，进而为企业运行赋能。

加快发展战略性新兴产业，沈抚示范区努力打造科技创新和产业创新深度融合的产业集聚区。

仅以高端装备制造产业为例，沈抚示范区一批代表性企业抢抓机遇、乘势而上，发展活力奔涌。2024 年以来，东软睿驰获批成为辽宁第四家独角兽企业，拓邦鸿基成为辽宁唯一获批的潜在独角兽企业，煤矿电机、隆基电磁两家企业获批省级制造业单项冠军企业，广泰真空、美托科技两家公司筹备上市。

打造"好生态"，持续优化营商环境。

走进沈抚示范区政务服务中心，可以看见一面墙挂满了办事企业、群众送来的感谢信与锦旗。每封信件、每面锦旗背后都是一段解难纾困的故事。

2025 年以来，沈抚示范区立足建设东北地区优化投资营商环境标杆区，坚持把优化营商环境作为推动示范区高质量发展的重要抓手，持续打造营商环境"升级版"，孕育各类经营主体"生机盎然"的发展活力。

"一站式综窗"服务正逐渐成为当地服务品牌。沈抚示范区设置无差别"综合窗口"128 个，推动"一事跑多窗"向"一窗办多事"转变；819 项依申请政务服务事项全部纳入综合窗口运行，实现"应进必进"。打破沈阳、抚顺两市原有地域限制和数据壁垒，全域 23 个便民服务站（中心）已全部设置无差别"综合窗口"，实现 148 项民生事项"全域通办"。

一组数字描摹出"沈抚磁场"引力：2024 年以来，沈抚示范区培育引进高新技术企业 92 家、科技型中小企业注册 103 家，引进建设高能级创新载体平台 45 家，数量均创历史新高。

冬至已过，春天不远。向"新"而兴、聚"新"成势的沈抚示范区，正在积蓄力量，静待春暖花开，迎接生机勃勃的新一年。

右上／ 辽宁双智数字赋能中心是建设沈抚科创园的重要项目，为企业"智改数转网联"赋能

右下／ 海创大厦是沈抚科创园的重要载体，总建筑面积约 4.3 万平方米。图为海创大厦外景

八大攻坚

壮大经济实力，在保持经济赶超势头上攻坚突破；

强化创新引领，在开辟新领域新赛道上攻坚突破；

加快动能转换，在构建现代化产业体系上攻坚突破；

推进乡村振兴，在建设农业强省上攻坚突破；

激发动力活力，在深化改革开放上攻坚突破；

统筹发展安全，在建设平安辽宁上攻坚突破；

坚持绿色低碳，在建设美丽辽宁上攻坚突破；

增进民生福祉，在保障和改善民生上攻坚突破。

乘势而进勇争先
——攻坚之年大事记

　　攻坚之年，辽宁乘胜而上，胸中有蓝图，目标再聚焦。锚定攻坚之年目标任务，在首战告捷、实现"四个重大转变"的基础上，集中力量开展"八大攻坚"，扎实推进高质量发展，实现发展质效、产业韧性、动能转换、发展活力、安全发展、民生福祉的"六个新提升"。

　　攻坚之年，辽宁迎难而进，怀凌云壮志，闯难关险滩。面对有效需求不足、结构性矛盾突出、体制机制不活、风险隐患较多等现实难题，我们始终保持战略定力，推动重点领域改革，奋力补齐发展短板，击退前进路上一个个"拦路虎"。

　　攻坚之年，我们向新而行，秉创新锐志，逐时代新潮。牢牢把握推进中国式现代化这一最大的政治，聚焦高质量发展首要任务，因地制宜发展新质生产力，努力以"辽宁之为"担当"国之重任"、服务"国之大者"，以一域之光为全域添彩。

1月

19日，省政府新闻办召开新闻发布会。省统计局公布，2023年全省地区生产总值突破3万亿元，比上年增长5.3%。

22日—26日，省"两会"召开，代表委员聚焦打好打赢攻坚之年攻坚之战建言献策。

27日，俄罗斯食品文化节（俄罗斯制造）在沈阳开幕，近千种俄罗斯品牌产品、明星产品亮相。

27日，《辽宁省推动经济稳中求进若干政策举措》印发，围绕促进消费升温、扩大有效投资等8个方面推出41项举措。

31日，辽宁省委社会工作部，省委金融委员会办公室（省地方金融管理局）、省委金融工作委员会，省数据局正式挂牌成立。

2月

1日—2日，辽宁全面振兴新突破三年行动首战之年总结会召开，总结战况战果，动员全省上下继续以奋斗姿态和拼搏状态，打好打赢攻坚之年攻坚之战。

6日，省统计发布消息称，2023年辽宁人口净流入8.6万人，扭转了2012年以来连续11年人口省际净流出的局面。

9日，除夕之夜，作为龙年央视春晚分会场之一，沈阳分会场以一曲视听盛宴《冬日暖阳》，向世人展示了一个脚踏实地、奋发向上、蓬勃自信、充满生机的辽宁。

18日，春节后首个工作日，全省优化营商环境打赢攻坚之战动员大会召开，动员激励全省上下奋力实现攻坚必胜、连战连胜。

3月

1日—2日，辽宁省与中央企业深化合作恳谈会在北京举行，双方深入沟通交流，携手续写央地合作新篇章。

6日，十四届全国人大二次会议辽宁代表团举行开放团组会议，辽宁代表团接受中外媒体记者集体采访。

15日，辽宁省首个重点实验室群——机器人重点实验室群揭牌。2024年，全省组建20个省重点实验室群。

18日，全省1153个项目集中开工，总投资3166亿元。

28日，辽宁省党政代表团赴北京市学习考察，推动东北振兴同京津冀协同发展国家重大战略对接。

4月

1日，航空工业飞行器机体快速研制中试验证平台在沈阳成立，这是航空工业集团首家中试平台，是与辽宁携手共同打造的为航空工业全行业服务的中试平台示范基地。

1日，国务院批复同意《辽宁省国土空间规划（2021—2035年）》。

7日，辽宁太子河抽水蓄能电站项目在本溪开工。该项目总投资121.45亿元，规划总装机容量1800兆瓦。

9日，工业和信息化部公布了第八批制造业单项冠军企业认定名单，辽宁8家企业上榜。至此，全省共有国家级制造业单项冠军企业38户。

14日，省委书记、省人大常委会主任郝鹏，省委副书记、省长李乐成在大连会见苏里南总统单多吉一行。

16日—25日，辽宁省友好经贸代表团先后赴新加坡、日本、韩国访问，深化与三国在经贸、人文等领域的友好合作。

19日，省政府新闻办举行新闻发布会。省统计局介绍，2024年一季度辽宁地区生产总值同比增长5.4%，比全国高0.1个百分点，连续5个季度高于全国。

19日，《中共辽宁省委 辽宁省人民政府关于学习运用"千村示范、万村整治"工程经验有力有效推进乡村全面振兴的实施意见》发布，共6大方面28条。

23日，国务院新闻办举行"推动高质量发展"系列主题新闻发布会。辽宁省介绍振兴发展情况，并回答记者提问。

24日，BMW新世代概念车完成中国首秀。该车型将于2026年在沈阳全面投产。

25日，辽宁省营商环境建设领导小组印发《进一步推动降低经营主体成本的若干措施》，围绕推动降低制度性交易成本、物流成本、融资成本、用地成本、用能成本、用工成本等6个方面，实施32项举措

26日，辽宁省沈阳市与宝马集团深化战略合作签约仪式举行，宝马决定在沈阳增加投资200亿元。

29日，辽宁全面振兴新突破三年行动领导小组工作调度会议召开，总结盘点一季度工作成绩，分析研判当前形势，对二季度及下一步工作作出安排部署。

5月

6日，辽宁省发布数据，经综合测算，"五一"假期全省共接待游客2584.7万人次、实现旅游综合收入270.3亿元，分别同比增长61.4%、98.5%。

11日，《中共辽宁省委 辽宁省人民政府关于进一步支持民营经济高质量发展的意见》印发，包括持续优化发展环境、加大要素支持力度、加强法治保障等六大方面26条。

13日，辽宁省企业大会在沈阳召开，对在全面振兴新突破三年行动首战之年作出突出贡献的企业予以通报表扬。

20日，第一届全国全民健身大赛在沈阳开幕，大赛由国家体育总局、

中华全国体育总会主办，每两年一届。

22日，在2023—2024赛季CBA联赛中，辽宁男篮再次卫冕总冠军，荣膺"三连冠"，省委、省政府致贺电。

23日，远景（沈阳）零碳新能源产业装备基地项目开工、远景国际绿氢工程和装备技术研发中心揭牌。该项目总投资185亿元，建成后将填补沈阳新能源相关领域空白。

25日，2024辽宁省高品质文体旅融合发展大会在大连召开，动员全省上下打造高品质文体旅融合发展示范地，加快建设文化强省、体育强省、旅游强省。

27日，新时代辽宁人才振兴大会在沈阳召开，旗帜鲜明地向全社会传递省委、省政府尊贤礼士、惜才如金、唯才是用的坚定决心，推动以高质量人才振兴引领新时代辽宁全面振兴。

30日—6月3日，辽宁省友好经贸代表团先后到土耳其、白俄罗斯访问，巩固合作基础，深化交流对接。

6月

9日，《辽宁省推动大规模设备更新和消费品以旧换新实施方案》印发，围绕着力推动重点领域设备更新、推动消费品以旧换新、推动回收循环利用、推动标准提升等方面提出具体工作任务。

11日，辽宁省与中国工程院在大连举行以"共谋新质生产力 同创发展新赛道"为主题的院士恳谈会。

24日，2023年度国家科学技术奖揭晓，辽宁省15个通用项目获奖。

25日—27日，2024夏季达沃斯论坛在大连开幕，这是大连与达沃斯的第八次"牵手"，来自100多个国家和地区的约1700名各界代表齐聚一堂，共议"未来增长的新前沿"。

7月

1日，辽宁省"两优一先"表彰大会召开，共同庆祝党的生日，表彰省优秀共产党员、优秀党务工作者和先进基层党组织。

1日，《关于促进东北三省一区旅游业协同发展的决定》正式施行，这是东北三省一区开展的首部协同立法项目，将为东北地区旅游业高质量发展提供法治保障。

5日，全省县域经济高质量发展大会召开，围绕补齐县域经济这一振兴发展短板，进一步理清思路、明确任务。会上，还解读了《关于推动县域经济高质量发展若干政策措施的意见》。

19日，全省学习贯彻党的二十届三中全会精神大会召开，强调要深刻领会精神实质，进一步全面深化改革，加快推动全面振兴，奋力谱写中国式现代化辽宁篇章。

19日，省统计局发布，上半年全省地区生产总值同比增长5%。

25日—26日，中共辽宁省委十三届七次全会在沈阳举行，审议通过了《中共辽宁省委贯彻落实〈中共中央关于进一步全面深化改革、推进中国式现代化的决定〉的意见》。

26日，辽宁全面振兴新突破三年行动推进会召开，总结上半年工作成绩，分析存在的问题和不足，科学研判当前形势，研究部署下半年工作。

26日，在印度新德里举行的第四十六届联合国教科文组织世界遗产委员会会议上，中国黄（渤）海候鸟栖息地（第二期）顺利通过评审，辽宁大连蛇岛—老铁山、丹东鸭绿江口两处候鸟栖息地成功列入《世界遗产名录》。

30日，辽宁省政府、国家知识产权局联合印发共建全面振兴新突破知识产权强省实施方案，明确要率先建成东北地区领先、全国一流的知识产权强省。

31日，2024县域经济创新发展论坛在北京举行，公布2024中国县域经济百强榜单，辽宁省瓦房店市、海城市、庄河市上榜，分别排名第五十八位、第九十二位、第九十四位，较2023年实现扩容进位。

8月

2日，学习贯彻党的二十届三中全会精神中央宣讲团宣讲报告会在沈阳举行，中央宣讲团成员，国务院研究室党组书记、主任黄守宏作宣讲报告。

4日，辽宁运动员刘洋在第三十三届夏季奥林匹克运动会体操男子吊环比赛中以15.300分的优异成绩蝉联冠军，省委、省政府致贺电。

15日，全省海洋经济高质量发展大会召开，进一步统一思想、理清思路、明确任务，加快推进海洋强省建设。

15日，恒力重工产业园二期项目在大连长兴岛开工，该项目将有力推动辽宁船舶与海工装备制造向高端化、智能化、绿色化发展。

20日，中国能建膨润土产业绿色转型与升级发展项目在朝阳启动。朝阳市膨润土产量占全国的60%、占世界的20%，是世界第二、全国第一的膨润土产区。该项目将有力推动膨润土产业集约、规范、绿色、高端发展。

23日，全省产业集群建设推进会召开，对全省产业集群建设工作进行再调度再部署，推动产业集群建设上台阶上水平，培育壮大新质生产力。

24日，辽宁省委常委会召开，会议决定追授李清学同志"辽宁省优秀共产党员"称号，并号召全省广大党员干部向李清学同志学习。

26日至30日，辽宁代表团赴香港、澳门访问，推动辽宁全面振兴与粤港澳大湾区建设等国家重大战略深入对接。

31日，辽宁省残疾人运动员邸东东在第十七届夏季残奥会男子T11级跳远项目比赛中勇夺桂冠、打破世界纪录，卢冬获得男女混合4×50米自由泳（20分）接力项目金牌，省委、省政府致贺电。

9月

1日，《辽宁省黑土地保护条例》正式施行。

5日，2024辽宁产投融合发展大会在沈阳举行，集聚国内头部创投机构共享振兴发展机遇，携手实现互利共赢。

6日，2024年中国（辽宁）非公有制经济发展论坛在沈阳举行，来自全国各地的800多名企业家、专家学者齐聚一堂，对话交流、共商合作、共谋发展。

7日，全省庆祝第40个教师节大会召开，为光荣从教40年优秀教师代表颁发纪念证书。

7日，刚果（布）总统萨苏访问辽宁，将进一步推动与辽宁在产业、科教、友城等领域务实合作，促进两地人员和企业间往来。

7日，省政府发文，决定授予10家企业第十届省长质量奖。

12日，2024全球工业互联网大会在沈阳中国工业博物馆开幕，本次大会以"以智焕制 以旧焕新"为主题。

18日，中国中车新能源机车下线仪式在大连举行，首发下线1000kW功率等级内电混合动力机车。

18日，《中央广播电视总台2024年中秋晚会》在辽宁省沈阳市举办。晚会主舞台选址在沈阳丁香湖畔，将现代科技与实景山水巧妙融合，铺展出一幅唯美浪漫、古今交融的盛大图景。

19日，《辽宁日报》发布消息，省直机关开展支持葫芦岛灾后重建捐款活动。

22日，第七个中国农民丰收节，辽宁各地举行形式多样的活动庆祝丰收。

23日，全省公安工作会议召开，强调要奋力推进公安工作现代化，更好担负起重大职责使命，在实现辽宁全面振兴中贡献公安力量。

26日，"十五冬"抚顺龙岗山雪上运动中心项目场景清单发布会暨重点项目签约仪式举行，项目建成后，预计年接待游客量80万至100万人次。

26—29日，第五届中国辽宁国际投资贸易洽谈会召开，全省共签约重点项目272个，签约总额达2784.4亿元。

27日，沈阳中心大厦项目启动，该项目由中建集团投资建设。

27日，第七届辽宁省"人民满意的公务员"和"人民满意的公务员集体"表彰大会召开。

10月

1日，辽宁省暨沈阳市庆祝中华人民共和国成立75周年升国旗仪式在沈阳市府广场隆重举行。

6日，《中共辽宁省委　辽宁省人民政府关于全面推进美丽辽宁建设的实施意见》印发，明确提出到2035年美丽辽宁全面建成。

7日，有关部门发布数据，国庆节假期辽宁共接待游客5597.6万人次、实现旅游综合收入375.5亿元，按可比口径分别同比增长16.3%、18.1%。

8日，全省冲刺四季度打赢攻坚战动员部署会召开，动员全省上下全力以赴做好四季度工作，确保攻坚必胜、连战连胜。

9日，中国原子能科学研究院葫芦岛基地建设启动。

10日，沈阳航空动力产业园全面运营启动，该项目计划总投资约100亿元，是央企、地方、民企合作推进航空头部企业配套园区的标志性示范工程。

10日，辽宁省航空产业发展大会在沈阳举办，搭建政府、智库、企业多方交流合作平台，汇聚航空产业发展最新成果和观点。

14日，"中国共产党的故事——习近平新时代中国特色社会主义思想在东北的实践"专题宣介会在长春举行，宣介会由中共中央对外联络部和中共内蒙古自治区党委、辽宁省委、吉林省委、黑龙江省委共同主办。

15日，大连英歌石科学城开城，这是大连面向未来打造的高能级科创平台。

20日，辽宁全面振兴新突破三年行动领导小组三季度调度会召开，就做好攻坚之年收官工作、努力完成全年目标任务进行再动员再部署。

22日，省政府新闻办举行新闻发布会，省统计局公布数据：前三季度，全省地区生产总值同比增长4.9%，增速连续7个季度赶上或超过全国。

23日，第六批辽宁国家级工业遗产名单公布，桓仁水电厂名列其中，成为本次名单中的东北唯一。

25日，第二届中俄地方投资发展与贸易合作大会在沈阳开幕，俄罗斯19个地方政府、10个商协会和108个企业代表团参会。

26日，全省科技大会召开，向省科学技术奖最高奖获得者沈阳航空航天大学杨凤田院士、大连工业大学朱蓓薇院士，及省科学技术奖获奖代表颁奖。

27日，国务院办公厅发布《关于广州花都经济开发区等4个省级开发区升级为国家级经济技术开发区的复函》，沈阳金融商贸开发区名列其中，并定名为沈阳金融商贸经济技术开发区。至此，全省已有10个国家级经济技术开发区。

11月

3日，葫芦岛市"8·20"洪灾中受损的5447户D级危房重建工程全面竣工，达到入住标准。

5日，全省文艺界深入学习实践习近平文化思想座谈会举行，强调要树牢以人民为中心的创作导向，创作推出更多引领时代的精品力作。

8日，省委宣传部、省精神文明办在辽宁广播电视台举行发布会，授予刘本成同志辽宁"时代楷模"称号。

14日，全省市厅级主要领导干部学习贯彻党的二十届三中全会精神专题研讨班开班，强调要进一步统一思想、凝聚力量，推动党中央重大改革决策及省委工作部署更好贯彻落实。

18日，全省教育大会召开，深入分析全省教育工作面临的新形势新任务，研究部署新时代新征程推进教育强省建设。

19日—25日，首届中国（辽宁）网红经济合作交流活动周举行，两万主播代言"辽宁好物"，达成意向合作金额超88亿元。

25日，辽宁省妇女第十二次代表大会开幕。

28日，人力资源和社会保障部、最高人民检察院、中共辽宁省委召开追授潘非琼同志称号命名表彰大会，追授潘非琼同志"全国模范检察官""辽宁省优秀共产党员"称号。

28日，第十一批在韩中国人民志愿军烈士遗骸迎回仪式在沈阳举行，43位志愿军烈士遗骸及495件遗物由中国空军专机从韩国接回至辽宁沈阳。

12月

5日，金杯远程合作首款吉运新能源产品下线仪式在沈阳举行。

6日，一汽解放6DV超级工厂投产暨首款氢气发动机发布仪式在大连举行。

6日，工业和信息化部发布2024年先进制造业集群竞赛胜出名单，共有35个集群上榜，其中3个来自辽宁，分别为大盘绿色石化集群、沈大工业母机集群、沈阳航空集群。

7日，中共辽宁省委十三届八次全会在沈阳举行。全会号召，全省各级党组织和广大党员干部要牢记初心使命，矢志团结奋斗，奋力开创党的建设新局面，以高质量党建引领新时代辽宁全面振兴，为强国建设、民族复兴伟业作出新的更大贡献。

12日，国家统计局发布2024年粮食产量数据公告。辽宁粮食产量达500.06亿斤，位居全国第十二；粮食单产为931.88斤/亩，位居全国第四、粮食主产省第二，亩产比全国平均水平高142.4斤，播种面积达5366.25万亩。

20日—21日，省委经济工作会议在沈阳举行。会议全面贯彻落实习近平总书记在中央经济工作会议上的重要讲话精神，总结2024年经济工作，分析当前经济形势，部署2025年经济工作，坚决打好打赢三年行动决胜之年决胜之战，奋力实现辽宁全面振兴新突破。

27日，大飞机规模化东北区域动员会暨2024沈阳航空产业合作对接会在沈阳举行。

30日，象屿铝业入驻辽阳启动仪式在辽阳市举行，标志着象屿集团重整投资忠旺集团、携手辽宁深化合作迈上新台阶。